Thomas Schlüter

Fitnessprogramm für KMU und Familienunternehmen

Verbesserung der Ertragslage, -sicherheit, Zukunftsfähigkeit und Flexibilität von Unternehmen in Zeiten turbulenter und dynamischer Märkte

Diplomica® Verlag GmbH

Schlüter, Thomas: Fitnessprogramm für KMU und Familienunternehmen. Verbesserung der Ertragslage, -sicherheit, Zukunftsfähigkeit und Flexibilität von Unternehmen in Zeiten turbulenter und dynamischer Märkte, Hamburg, Diplomica Verlag GmbH 2007

ISBN: 978-3-8366-5507-1
Druck Diplomica® Verlag GmbH, Hamburg, 2007
Covermotiv: Diplomica® Verlag GmbH

Bibliografische Information der Deutschen Bibliothek
Die Deutsche Bibliothek verzeichnet diese Publikation in der Deutschen Nationalbibliografie;
detaillierte bibliografische Daten sind im Internet über
<http://dnb.ddb.de> abrufbar.

Dieses Werk ist urheberrechtlich geschützt. Die dadurch begründeten Rechte, insbesondere die der Übersetzung, des Nachdrucks, des Vortrags, der Entnahme von Abbildungen und Tabellen, der Funksendung, der Mikroverfilmung oder der Vervielfältigung auf anderen Wegen und der Speicherung in Datenverarbeitungsanlagen, bleiben, auch bei nur auszugsweiser Verwertung, vorbehalten. Eine Vervielfältigung dieses Werkes oder von Teilen dieses Werkes ist auch im Einzelfall nur in den Grenzen der gesetzlichen Bestimmungen des Urheberrechtsgesetzes der Bundesrepublik Deutschland in der jeweils geltenden Fassung zulässig. Sie ist grundsätzlich vergütungspflichtig. Zuwiderhandlungen unterliegen den Strafbestimmungen des Urheberrechtes.

Die Wiedergabe von Gebrauchsnamen, Handelsnamen, Warenbezeichnungen usw. in diesem Werk berechtigt auch ohne besondere Kennzeichnung nicht zu der Annahme, dass solche Namen im Sinne der Warenzeichen- und Markenschutz-Gesetzgebung als frei zu betrachten wären und daher von jedermann benutzt werden dürften.

Die Informationen in diesem Werk wurden mit Sorgfalt erarbeitet. Dennoch können Fehler nicht vollständig ausgeschlossen werden, und der Diplomica Verlag, die Autoren oder Übersetzer übernehmen keine juristische Verantwortung oder irgendeine Haftung für evtl. verbliebene fehlerhafte Angaben und deren Folgen.

© Diplomica Verlag GmbH
http://www.diplom.de, Hamburg 2007
Printed in Germany

"Wenn man in die falsche Richtung läuft,
hat es keinen Zweck, das Tempo zu erhöhen."

Birgit Breuel (*1937), deutsche Politikerin

Inhaltsverzeichnis

Tabellenverzeichnis 1
Abbildungsverzeichnis 2
Abkürzungsverzeichnis 3

1 Einleitung 5

  1.1 Ziel der Arbeit 7
  1.2 Vorgehensweise der Untersuchung 8
  1.3 Definition des Fitnessprogramms 8
  1.4 Nutzen-Argumentation für kleine und mittlere Unternehmen (KMU) und Familienunternehmen 9

2 Besonderheiten von KMU und Familienunternehmen 11

  2.1 Quantitative Definition kleiner und mittlerer Unternehmen 11
  2.2 Quantitative Definition von Familienunternehmen 12
  2.3 Qualitative Merkmale von KMU und Familienunternehmen 14
  2.4 Der strukturelle Wandel in der Industriegesellschaft 18
  2.5 Ergebnisse der Krisenforschung bei KMU und Familienunternehmen 20
  2.6 Schlüsselproblem: Qualifikation der Fach- und Führungskräfte ... 22
  2.7 Ansatzpunkte von KMU und Familienunternehmen 24
  2.8 Zukünftige Entwicklungen, Risiken und Chancen 25

3 Theoriegeleitete Überlegungen zu Beratungsinstrumenten in KMU 27

  3.1 Entwicklung der klassischen Betriebswirtschaftslehre 27
  3.2 Aktuelle Trends in der Betriebswirtschaftslehre 28
  3.3 Besonderheiten der KMU-Beratung 30
    3.3.1 Gründe geringer Inanspruchnahme von Beratungsleistungen 31
    3.3.2 Einschränkung Problemorientierung 33
  3.4 Mögliche Blockaden im Beratungsprozess 33
  3.5 Empirische Identifikation von Erfolgsfaktoren der KMU-Beratung 34
  3.6 Methodische Erfolgsfaktoren der KMU-Beratung 36

4 Beratungskonzept Fitnessprogramm 39

- 4.1 Kausalität von Fitness und Unternehmenserfolg 39
- 4.2 Analyse erfolgreicher Managementmodelle 41
  - 4.2.1 EFQM-Modell 42
  - 4.2.2 Malcolm Baldrige Award 44
  - 4.2.3 McKinsey 7s-Modell 46
  - 4.2.4 Die fünfte Disziplin 48
  - 4.2.5 4P – The Toyota Way 49
- 4.3 Handlungsfelder des Fitnessprogramms 49
- 4.4 Strategisches Management 54
- 4.5 Wertorientiertes Management 56
- 4.6 Marktorientiertes Management (Marketing & Vertrieb) 62
- 4.7 Personalmanagement (Human Ressources Management) 66
- 4.8 Change Management und Organisationsentwicklung 68
- 4.9 Prozessmanagement 71

5 Die Umsetzung des Fitnessprogramms 75

- 5.1 Struktur der Arbeitsschritte 75
- 5.2 Visualisierung der Ergebnisse des Fitnesschecks 77
- 5.3 Projektplan zum Fitnessprogramm 79
- 5.4 Projektorganisation zum Fitnessprogramm 82
- 5.5 Fitnessprogramm in Workshops 84
- 5.6 Institutionalisierung des Fitnessprogramms 88

6 Beschreibung der Handlungsfelder 91

- 6.1 Strategisches Management 91
  - 6.1.1 Vorgehensweise zur Formulierung der Unternehmensstrategie 95
  - 6.1.2 Umfeld und Ressourcenanalyse 96
  - 6.1.3 Grundauftrag 100
  - 6.1.4 Kernkompetenzen 100
  - 6.1.5 Vision 102
  - 6.1.6 Ziele 103

	6.1.7	Strategische Geschäftsfelder	104
	6.1.8	Umsetzungsprogramm	105
6.2		Wertorientiertes Management	107
	6.2.1	Kennzahlen zur Ermittlung des Unternehmenserfolgs	108
	6.2.2	Ertragswertmethode	111
	6.2.3	Discounted Cashflow	113
	6.2.4	Multiplikatormethode	115
	6.2.5	Balanced Scorecard (BSC)	117
	6.2.6	Umsetzungsprogramm	122
6.3		Marktorientiertes Management	124
	6.3.1	Produktlebenszyklus	125
	6.3.2	Ansoff-Matrix	127
	6.3.3	Neun-Felder Portfolio nach McKinsey	128
	6.3.4	Produktlebenszyklus nach Arthur D. Little	130
	6.3.5	BCG Portfolio	131
	6.3.6	Umsetzungsprogramm	134
6.4		Personalmanagement	136
	6.4.1	Personalbedarfsplanung	137
	6.4.2	Personalbeschaffung	140
	6.4.3	Personalentwicklung	142
	6.4.4	Personaleinsatz	147
	6.4.5	Personalentlohnung	150
	6.4.6	Personalführung	152
	6.4.7	Umsetzungsprogramm	154
6.5		Change Management/Organisationsentwicklung	155
	6.5.1	Initialisierung von Veränderungsprojekten	156
	6.5.2	Phase der Konzeptionierung	157
	6.5.3	Mobilisierung der Mitarbeiter	158
	6.5.4	Umsetzungsphase	158
	6.5.5	Verstetigung der Veränderungen	159
	6.5.6	Umsetzungsprogramm	160
6.6		Prozessmanagement	162
	6.6.1	Prozessanalyse und -optimierung	165
	6.6.2	Wert- und Stoffstromanalyse	167

	6.6.3 Umsetzungsprogramm 169	
7	**Zusammenfassung**	**171**
8	**Quellenverzeichnis**	**175**

Tabellenverzeichnis

Tabelle 1 - Krisenphasen von Unternehmen 20
Tabelle 2 - Kriterien des EFQM-Modells 43
Tabelle 3 - Kriterien des Malcom Baldrige Awards 44
Tabelle 4 - Handlungsfelder des 7s Modells nach McKinsey 46
Tabelle 5 - Fünf Disziplinen für eine lernende Organisation 48
Tabelle 6 - Kriterien des 4P – Toyota Way 49
Tabelle 7 - Handlungsfelder des Fitnessprogramms 51
Tabelle 8 - Instrumente zur Marktanalyse von Strategischen Geschäftsfeldern 64
Tabelle 9 - Fitnessprogramm in Workshops 84
Tabelle 10 - Ermittlung des Kapitalisierungszinssatzes 112
Tabelle 11 - Produktlebenszyklus-Phasen 126
Tabelle 12 - Inhalte der Personalentwicklung 143

Abbildungsverzeichnis

Abbildung 1 - Anteil der Unternehmen nach Umsatzgrößenklasse 11
Abbildung 2 - Anteil Familienunternehmen in D nach Umsatzgrößenklassen 14
Abbildung 3 - Besonderheiten und Probleme von KMU und Familienunternehmen ... 16
Abbildung 4 - Aktuelle Problembereiche von Unternehmen 19
Abbildung 5 - Geplante Maßnahmen zur Verbesserung der Wettbewerbsfähigkeit .. 24
Abbildung 6 - Beauftragungsgründe für Berater aus KMU-Sicht 32
Abbildung 7 - Managementmodelle im Vergleich 52
Abbildung 8 - Grafische Darstellung des Strategieprozesses 56
Abbildung 9 - Design von Veränderungsprozessen 70
Abbildung 10 - Konzept des Fitnessprogramms 75
Abbildung 11 - Ergebnis Fitnesscheck Unternehmen XYZ 77
Abbildung 12 - Ergebnis Fitnesscheck – Vergleich mit Durchschnitt 78
Abbildung 13 - Projektplan zum Fitnessprogramm Seite 1 von 2 79
Abbildung 14 - Projektplan zum Fitnessprogramm Seite 2 von 2 80
Abbildung 15 - Projektorganisation zur Umsetzung des Fitnessprogramms 82
Abbildung 16 - Bewusste und realisierte Strategie 92
Abbildung 17 - Prozess zur Erarbeitung einer wirksamen Unternehmensstrategie .. 95
Abbildung 18 - Porter's Five Forces Model 97
Abbildung 19 - SWOT-Analyse 100
Abbildung 20 - Identifikation von Kernkompetenzen 102
Abbildung 21 - Implementierungsphasen der BSC nach Horváth & Partners 118
Abbildung 22 - Produktlebenszyklus-Phasen 126
Abbildung 23 - Ansoff-Matrix 127
Abbildung 24 - Neun-Felder Portfolio 129
Abbildung 25 - ADL Matrix 131
Abbildung 26 - Boston Consulting Group Portfolio 132
Abbildung 27 - Methoden der Personalentwicklung 144
Abbildung 28 - Job Rotation, Job Enlargement und Job Enrichment 145
Abbildung 29 - Aufgabenorientierte und idiosynkratische Stellenbildung 148
Abbildung 30 - Design von Veränderungsprozessen 156
Abbildung 31 - Vorgehensweise bei der Prozessanalyse und -optimierung 164
Abbildung 32 - Wertstromanalyse Textilunternehmen 168

Abkürzungsverzeichnis

Abb.	Abbildung
Abs.	Absatz
ADL	Arthur D. Little
APV	Adjusted Present Value = zukünftige Tilgung oder Neuaufnahme von Fremdkapital wird in der gesamten Zukunft exakt vorgegeben
BCG	Boston Consulting Group
BSC	Balanced Scorecard = Balanciertes Kennzahlensystem
bzgl.	bezüglich
CI	Competitive Intelligence
d. h.	das heißt
DCF	Discounted Cashflow
DIN	Deutsches Institut für Normung
EBIT	Earnings before interest and taxes = Betriebsergebnis vor Zinsaufwand und Steuern
EBITDA	Earnings before interest, taxes, depreciation and amortization = Betriebsergebnis vor Zinsen, Steuern, Abschreibungen auf Sachanlagen und Abschreibungen auf immaterielle Vermögenswerte
EBT	Earnings before taxes = Betriebsergebnis +/- Finanzergebnis
EFQM	European Foundation for Qualitymanagement
EKR	Eigenkapitalrendite
Etc.	et cetera
EU	Europäische Union
EV	Enterprise Value = Unternehmenswert
EVA	Economic Value Added = Nettogröße eines Gewinns nach Abzug der Kapitalkosten für das eingesetzte Gesamtkapital
FTE	Flow to Equity = Zufluss zum Unternehmen
Ggf.	gegebenenfalls
HR	Human Ressource
Hrsg.	Herausgeber
i. d. R.	in der Regel
i. S.	im Sinne
inkl.	Inklusive

IT	Informationstechnologie
IuK	Information und Kommunikation
Kap.	Kapitel
KMU	Kleine und mittlere Unternehmen
OE	Organisationsentwicklung
P/E	Price-Earnings Ratio = Kurs-Gewinn-Verhältnis
PIMS	Profit Impacts of Market Strategies
ROE	Return on Equity
ROI	Return on Investment
ROS	Return on Sales
S.	Seite(n)
SGF	Strategische Geschäftsfelder
Sog.	sogenannt
Tab.	Tabelle
TCF	Total Cashflow = Gesamter Zahlungsstrom
usw.	und so weiter
WACC	Weighted Average Cost of Capital = Maßzahl für die gewichteten Kosten des eingesetzten Kapitals im Unternehmen
z. B.	zum Beispiel

1 Einleitung

Fitness heißt gute Kondition, Beweglichkeit, schnelle Reaktionsfähigkeit, optimales Zusammenspiel aller Zellen und Muskeln im Körper und kein überflüssiges Fettgewebe. Fitness ist eine Geisteshaltung, für sie muss man etwas tun, sie ist Ausdruck von Dynamik und vitalem Veränderungswillen und Vorstellungskraft. Fitness kommt nicht von selbst, sie muss aktiviert, mobilisiert und entwickelt werden. Fitness hilft die Dynamik des Lebens zu beherrschen, unvorhergesehene Ereignisse, außergewöhnliche Belastungen oder auch gefährliche Situationen zu bewältigen; vor allem aber im normalen Lebensablauf und sogar bei mancher Widrigkeit die gestellten Aufgaben mit Leichtigkeit und Überlegenheit zu meistern. Sie ist eine Art Vorsorge für belastende und schwierige Situationen und dient dem Aufbau und der Erweiterung von Potenzialen körperlicher und geistiger Art. Fitness bedeutet eine qualitative Verbesserung des Lebens.[1]

Auch Unternehmen benötigen Fitness. Das Umfeld von Unternehmen hat sich in den letzten Jahren mit zunehmender Geschwindigkeit verändert. Wesentliche Ursachen sind die Turbulenz und Dynamik auf den Märkten, die Ausschöpfung von Innovationspotenzialen der IuK-Technologie und der damit einhergehende Wertewandel in der Arbeitswelt und Gesellschaft.

Man kann von einer Wiederholung der angespannten Situation von Unternehmen in den Neunzigerjahren sprechen. Auch damals kam es aufgrund konjunktureller und struktureller Probleme zu Ergebniseinbrüchen bei Unternehmen vieler Branchen. Interne Versäumnisse und Schwächen aus Zeiten der Hochkonjunktur konnten nicht länger verdeckt werden. Während einige Unternehmen den Weg aus der Krise fanden, schieden andere aus dem Wettbewerb aus. Geht man davon aus, dass diese Herausforderungen nicht nur konjunkturelle Ursachen haben, kann man ein permanentes Selektionsprinzip im Sinne einer evolutionären Marktentwicklung unterstellen.[2]

---

[1] *Withauer, Klaus F.:* Fitness der Unternehmung, S. V

[2] *Bergauer, Anja:* Führen aus der Unternehmenskrise, S. 2

Jedes Unternehmen muss in diesem dynamischen Umfeld flexibel agieren und ständig an die veränderten Rahmenbedingungen angepasst und kontinuierlich verbessert werden, um langfristig im Wettbewerb zu bestehen. Insbesondere in der derzeitigen schwierigen wirtschaftlichen Lage ist es für Unternehmen unverzichtbar, Verbesserungspotenziale in allen Bereichen des Unternehmens zu ergründen und geeignete Maßnahmen einzuführen, um die Potenziale weitgehend auszuschöpfen. Somit entsteht die nachhaltige Notwendigkeit der dauerhaften Fitness von Unternehmen.

Managementmodelle wie das EFQM-Modell, das McKinsey 7s Modell, „Die fünfte Disziplin" oder „4P – The Toyota Way" sind zwar nachweislich erfolgreiche Managementmodelle zur Erhöhung der unternehmerischen Fitness, jedoch sind diese zum Teil 20 Jahre alt und stammen ausnahmslos aus der Großindustrie und Serienherstellung. Sie sind somit aufgrund grundsätzlicher Schwächen bzgl. heutiger Anforderungen und der besonderen Bedingungen in kleinen und mittleren Unternehmen sowie Familienunternehmen nicht direkt anwendbar.

Der Anteil kleiner und mittlerer Unternehmen (KMU) beträgt 99,7 %[3] in Deutschland. 84 %[4] aller deutschen Unternehmen sind Familienunternehmen. Betrachtet man die qualitative Definition von KMU und Familienunternehmen, ergeben sich Vorteile und Nachteile durch die enge finanzielle Bindung einzelner Personen oder einer Familie ans Unternehmen. Wichtigster Vorteil ist das Engagement der Führungskräfte; das bedeutendste Hemmnis ist, dass Führungskräfte in KMU und Familienunternehmen in der Regel zwar in ihrem branchenspezifischen Fachgebiet qualifiziert sind, jedoch häufig über unzureichende Kompetenzen der Unternehmensführung unter heutigen Bedingungen verfügen.[5]

---

[3] Statistisches Bundesamt, Umsatzsteuerstatistik 2004 - http://www.destatis.de/themen/d/thm_finanzen.php, 2.9.2006
[4] *Klein, Sabine B.:* Familienunternehmen, S. 40
[5] *Stuhldreier, Jens:* Sicherung der Wettbewerbsfähigkeit von KMU durch qualifikatorische Anpassung, S. 46

1.1 Ziel der Arbeit

Obwohl die betriebswirtschaftliche Forschung kleine und mittlere Unternehmen und Familienunternehmen sowie deren Probleme zunehmend thematisiert, liegen bis heute nur wenige Arbeiten vor, die sich mit den theoretischen und empirischen Grundlagen eines ganzheitlichen Entwicklungskonzeptes für KMU und Familienunternehmen auseinandersetzen. Wertet man unter diesem Gesichtspunkt die betriebswirtschaftliche Forschung aus, so gelangt man zu der Erkenntnis, dass derzeitige Projekte an Hochschulen und Forschungseinrichtungen Einzelaspekte der beschriebenen Problemlage und Herausforderungen für KMU und Familienunternehmen zwar aufgreifen, jedoch nur aus eingeschränkten fachlichen Perspektiven geeignete Lösungsstrategien vorschlagen. Weiterhin werden Größeneffekte von KMU und Familienunternehmen nicht berücksichtigt.[6]

Man kann jede der Perspektiven als eine Dimension in einem n-dimensionalen Raum verstehen. Besteht der Raum aus wenigen Dimensionen, ist die Findung des Optimums relativ einfach, bildet jedoch nicht die Wirklichkeit ab. Es entsteht somit folgendes Problem: Je mehr Dimensionen betrachtet werden, desto komplexer wird die Analyse und Findung von Optima in dem n-dimensionalen Raum. Der Anspruch dieser Arbeit begründet sich in dem Versuch der Beschreibung dieses n-dimensionalen Raumes speziell mit dem Fokus KMU und Familienunternehmen.

Von einer solchen betriebswirtschaftlichen Theorie für KMU und Familienunternehmen, die auf Erkenntnissen der modernen Betriebswirtschaftslehre aufbaut und diese unter Berücksichtigung der unternehmens-, kunden- und wettbewerbsspezifischen Merkmale diskutiert, kann noch nicht gesprochen werden. Vor diesem Hintergrund besteht ein hoher Bedarf an praktisch-normativen Beiträgen, um das bestehende Forschungsdefizit in Bezug auf die theoretischen Grundlagen und praktischen Gestaltungsanforderungen an ein ganzheitliches Entwicklungskonzept für KMU und Familienunternehmen zu schließen.

---

[6] *Schachner, Markus; Speckbacher, Gerhard; Wentges, Paul:* Steuerung mittelständischer Unternehmen: Größeneffekte und Einfluss der Eigentums- und Führungsstruktur, S. 589 – 61

Die Besonderheit des in dieser Arbeit betrachteten Fitnessprogramms für KMU und Familienunternehmen, ist die vernetzte Analyse und ganzheitliche Perspektive zur Erarbeitung von Handlungsempfehlungen zur Steigerung der kurz- und langfristigen Erträge, sowie deren Zukunftsfähigkeit und Flexibilität. Ziel ist es, generische Strategie- und Handlungsempfehlungen zur Findung des optimalen Entwicklungskonzeptes/Managements in KMU und Familienunternehmen zu erarbeiten.

1.2 Vorgehensweise der Untersuchung

Die Arbeit ist in fünf wesentliche Arbeitsschritte unterteilt: In einem ersten Schritt werden die Besonderheiten von KMU und Familienunternehmen ausgearbeitet und die spezifischen Problemstellungen dieser Unternehmen benannt.

Auf Basis dieser Vorüberlegungen und empirischer Erfahrungen aus der Beratungstätigkeit werden im zweiten Schritt Überlegungen zu Beratungsinstrumenten für KMU und Familienunternehmen vorgenommen. Die Entwicklung der klassischen bis zur modernen, systemorientierten Betriebswirtschaftslehre wird aufgezeigt.

Der dritte Schritt beinhaltet die thematische Ausarbeitung des Beratungskonzeptes als „Fitnessprogramm für KMU und Familienunternehmen".

Der vierte Abschnitt dieser Arbeit widmet sich der praktischen Umsetzung und Beschreibung von Instrumenten in Form von Projekten, Workshops und Interviews.

Zuletzt wird im fünften Schritt aus dem Konzept ein Analyse/Bewertungstool für Unternehmen entwickelt.

1.3 Definition des Fitnessprogramms

Das Ziel des Fitnessprogramms ist die kurzfristige Ergebnisverbesserung und langfristige Ertragssteigerung, -sicherung, Zukunftsfähigkeit und Flexibilität von KMU und Familienunternehmen durch Umsetzung eines innovativen Führungskonzeptes zur Modernisierung inkl. der erfolgreichen Umsetzung der Verbesserungsmaßnahmen. Das Konzept fußt auf sechs Bausteinen:

- **Strategisches Management** - Entwicklung flexibler, tragfähiger und zukunftssicherer Strategien inkl. deren Umsetzung

- **Wertorientiertes Management** - Stetige Analyse, Beobachtung und Steigerung des Unternehmenswertes durch gezielte Maßnahmen, Verbesserung der Eigenkapitalquote, Wertsteigerung aus Sicht der Kapitalgeber auf Basis einer Unternehmensbewertung

- **Marketing & Vertrieb (Marktorientiertes Management)** - Findung, Erschließung und Sicherung langfristig ertragreicher Märkte, d. h. Bindung von Kunden für die Produkte und Dienstleistungen, Kommunikationsmix, Vertriebsorganisation, Vetriebsstrategien

- **Personalmanagement (Human Ressources Management)** - Langfristige Personalentwicklungsmaßnahmen zur Findung, Bindung und Förderung geeigneten Personals inkl. der Klärung von Nachfolgefragen

- **Change Management** - Beteiligung aller Mitarbeiter zur Förderung der Flexibilität in allen Prozessen, um eine hohe Anpassungsgeschwindigkeit an geänderte Bedingungen innerhalb und außerhalb des Unternehmens zu erreichen

- **Prozessmanagement** - Ausrichtung aller Prozese auf Effektivität und Effizienz, d. h. nachhaltige Vermeidung von Verschwendung in allen Unternehmensprozessen, Einführung eines angemessenen Risikomanagements

1.4 Nutzen-Argumentation für kleine und mittlere Unternehmen (KMU) und Familienunternehmen

Der unmittelbare Nutzen bei der Anwendung des Beratungskonzeptes für KMU und Familienunternehmen liegt in der kurzfristigen Ergebnisverbesserung und langfristigen Ertragssteigerung und Existenzsicherung sowie der Steigerung der Zukunftsfähigkeit und Flexibilität.

Die derzeitig schwierige Situation und die Anpassungsschwierigkeiten von kleinen und mittleren Unternehmen sowie Familienunternehmen können mit dem Fitnessprogramm schnell und nachhaltig verbessert werden.

Dies führt unter anderem zur Verbesserung des Ertrages, zur Steigerung des Unternehmenswertes und damit auch zur Verbesserung der Rating-Note bei den Banken. Die Ausgaben für eine Beratung amortisieren sich somit nicht nur durch gesteigerten Ertrag und ggf. Wachstum, sondern auch über verringerte Fremdkapitalkosten.

Die Realisierung von Wachstum in Unternehmen erfordert oftmals das finanzielle Engagement Dritter z. B. Private Equity. Die Ermittlung des Unternehmenswertes lässt Prognosen über mögliche abzugebende Anteile im Zuge einer Beteiligung zu. Die Beibehaltung der Selbstbestimmung und Vermeidung von Strangulation durch den Private Equity Fonds, sind weitere wichtige Argumente für die Umsetzung des Beratungskonzepts.

2 Besonderheiten von KMU und Familienunternehmen

2.1 Quantitative Definition kleiner und mittlerer Unternehmen

Die qualitativen und quantitativen Definitionen des Begriffs KMU sind nicht einheitlich. Die nachfolgende, von der Europäischen Kommission 1996 im Rahmen ihres „Aktionsprogramms KMU" festgelegte quantitative Definition, hat sich in der Literatur und in der Praxis größtenteils durchgesetzt.[7] Demnach werden die Unternehmen differenziert in

- große (> 250 Mitarbeiter, > 50 Mio. € Umsatz, > 43 Mio. € Bilanzsumme)
- mittelgroße (< 250 Mitarbeiter, < 50 Mio.€ Umsatz, < 43 Mio. € Bilanzsumme)
- kleine (< 50 Mitarbeiter, < 10 Mio. € Umsatz oder < 10 Mio. € Bilanzsumme) und
- mikro Unternehmen (< 10 Mitarbeiter, < 2 Mio. € Umsatz oder < 2 Mio. € Bilanzsumme).[8]

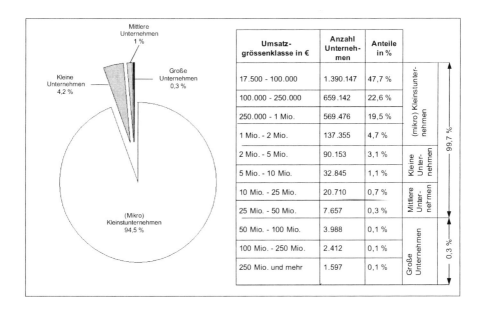

Abbildung 1 - Anteil der Unternehmen nach Umsatzgrößenklasse[9]

---

[7] *Bamberger, Ingolf:* Strategische Unternehmensberatung, S. 219

[8] Europäische Union: The new SME definition - http://ec.europa.eu/enterprise/enterprise_policy/-sme_definition/sme_user_guide.pdf, 2.9.2006

Familienbetriebe, mittelständische Unternehmen, Kleinbetriebe und Selbständige prägen in Deutschland entscheidend die Wirtschaftsstruktur und bilden das Fundament unserer sozialen Marktwirtschaft. In der grafischen Darstellung (siehe Abbildung 1) wird deutlich, welchen überragenden Anteil mikro, kleine und mittlere Unternehmen innerhalb der deutschen Wirtschaft bilden.

Ein Blick auf die wesentlichen Strukturindikatoren unterstreicht deutlich die Bedeutung des Leitungspotenzials der kleinen und mittelständischen Unternehmen. Die etwa 2,9 Mio. kleinen und mittleren Unternehmen repräsentieren 99,7 % aller Unternehmen der deutschen Volkswirtschaft. An den gesamten Bruttoinvestitionen sind sie zu 40 % beteiligt und ihre Bruttowertschöpfung erreicht ebenfalls ca. 50 %.

Für den Arbeitsmarkt spielt der Mittelstand eine noch weitaus bedeutsamere Rolle, da 70 % aller Arbeitnehmer hier ihre Beschäftigung finden und 80 % der Ausbildungsplätze in diesen Unternehmen bereitgestellt werden. KMU leisten somit einen großen Beitrag zu wirtschaftlicher und gesellschaftlicher Stabilität und bilden ein Gegengewicht zu den multinationalen Konzernen mit ihren globalen wirtschaftlichen Verflechtungen und Einflüssen.[10]

2.2 Quantitative Definition von Familienunternehmen

Als Familienunternehmen oder auch Familienbetrieb wird ein Unternehmen bezeichnet, wenn es sich vollständig oder nahezu vollständig im Besitz einer einzelnen Person oder einer Familie befindet. Der Begriff Familienunternehmen macht dabei keine Aussagen zur Betriebsgröße oder zur Rechtsform und ist nicht eindeutig definiert. Allgemein fallen darunter Unternehmen jeder Rechtsform oder Größe, die unter Familieneinfluss stehen.[11]

---

[9] Statistisches Bundesamt, Umsatzsteuerstatistik 2004 - http://www.destatis.de/themen/d/thm_finanzen.php, 2.9.2006

[10] Bundestag-Drucksache 14/9200 – Schlussbericht der Enquete-Kommission - Globalisierung der Weltwirtschaft – Herausforderungen und Antworten S., 129

[11] *Klein, Sabine B.:* Familienunternehmen, S. 1

Familienunternehmen haben in der Gruppe der Unternehmen die Besonderheit, dass sie Privateigentum und Familie, zwei wichtige gesellschaftliche Faktoren, miteinander verbinden. Familien mit Privateigentum werden unternehmerisch tätig, zunächst einmal unmittelbar zum Wohle der Familie, erst mittelbar zum Wohle der Gesellschaft. Zu Familienunternehmen gibt es derzeit keine grundlegende Theorie und nur für wenige Länder gesicherte Daten. Die Ursachen können nur vermutet werden:

- „Familienunternehmen" kann nicht operationalisiert werden (Begriffliche Unklarheit)
- Zurückhaltende Veröffentlichungspolitik der Unternehmen
- Schaffung spezieller gesellschaftsrechtlicher Konstruktionen z. B. Holdings zur Verschleierung der tatsächlichen wirtschaftlichen Verhältnisse
- Fehlen einer eigenen Lobby in Wirtschaft und Politik[12]

In einer repräsentativen Untersuchung aller deutschen Unternehmen mit mehr als 1 Mio. Euro Umsatz gaben insgesamt 84 % der Unternehmen an, Familienunternehmen zu sein. Die Anteile variieren jedoch stark, wenn man die Unternehmen nach Umsatzgrößenklassen auswertet.

---

[12] *Klein, Sabine B.:* Familienunternehmen, S. 1

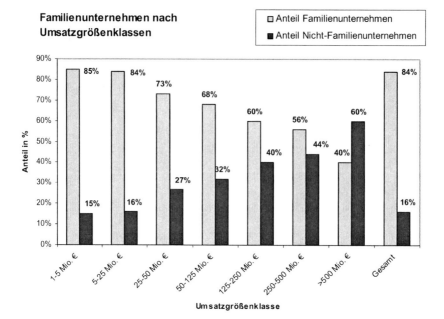

Abbildung 2 - Anteil Familienunternehmen in D nach Umsatzgrößenklassen[13]

Geht man davon aus, dass in den Unternehmen mit einem Umsatz < 1 Mio. € der Anteil Familienunternehmen eher größer als 85 % (siehe Umsatzgrößenklasse 1-5 Mio. €) ist, so kann man schlussfolgern, dass der Anteil Familienunternehmen in Deutschland 84 % aller Unternehmen noch deutlich übersteigt.

2.3 Qualitative Merkmale von KMU und Familienunternehmen

Neben den quantitativen Merkmalen haben qualitative Merkmale der KMU und Familienunternehmen eine Bedeutung. Die Größe eines KMU und Familienunternehmens hat Einfluss auf die Eigentums- und Führungsstruktur. Je größer ein KMU, desto formalisierter sind Führungsprozesse sowie die Aufbau- und

---

[13] *Klein, Sabine B.:* Familienunternehmen, S. 40

Ablauforganisation. Dies wird jedoch in der Literatur zu KMU und Familienunternehmen nicht angemessen berücksichtigt.[14]

Für KMU und Familienunternehmen können die folgenden wichtigen qualitativen Charakteristika benannt werden:

---

[14] *Schachner, Markus; Speckbacher, Gerhard; Wentges, Paul:* Steuerung mittelständischer Unternehmen: Größeneffekte und Einfluss der Eigentums- und Führungsstruktur, S. 589 – 614

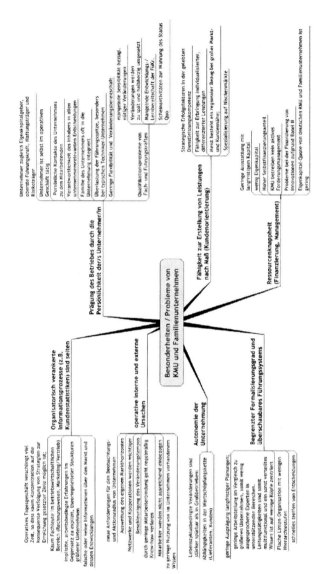

Abbildung 3 - Besonderheiten und Probleme von KMU und Familienunternehmen[15,16,17,18]

---

[15] *Schweizerisches Institut für KMU der Universität St. Gallen*, www.kmu.unisg.ch, 15.9.2006

[16] *Portisch, Wolfgang; Shahisi, Kian:* Sanierung und Restrukturierung, S. 7

[17] *Risse, Winfried:* Marketing für die Beratung: Beruf und Rolle des Wirtschafts- und Unternehmensberaters in Klein- und Mittelbetrieben, S. 132

[18] *Sroka, Wendelin:* 10. Statusbericht im Rahmen des Internationalen Monitoring: Lernkultur Kompetenzentwicklung, S. 15

Wertet man die betriebswirtschaftliche Literatur zu den qualitativen Merkmalen von KMU und Familienunternehmen aus, so gelangt man zu einer Vielzahl von Besonderheiten und spezifischen Problemen. Die Autoren betrachten aus ihrer individuellen Perspektive des gerade bearbeiteten Themas die Grundgesamtheit von KMU und Familienunternehmen. Darüber hinaus lassen sie Größeneffekte unberücksichtigt, so dass die Sammlung in Abbildung 4 - Besonderheiten und Probleme von KMU und Familienunternehmen nur einen aufzählenden Charakter hat.

Um sich dem Thema systematisch zu nähern, werden daher im Folgenden die Themenbereiche erörtert:

- Der strukturelle Wandel in der Industriegesellschaft
- Ergebnisse der Krisenforschung bei KMU und Familienunternehmen
- Schlüsselproblem: Qualifikation der Fach- und Führungskräfte
- Ansatzpunkte von KMU und Familienunternehmen
- Zukünftige Entwicklungen, Risiken und Chancen

2.4 Der strukturelle Wandel in der Industriegesellschaft

Die europäische Industrie findet sich zu Beginn des 21. Jahrhunderts unter erheblichem Anpassungsdruck.[19] In den letzten Jahren haben sich drei Megatrends entwickelt, die als fundamentale Zukunftsperspektiven der Gesellschaft anzusehen sind:

1. Veränderung der Wettbewerbssituation d. h. Globalisierung und ihre Auswirkung auf Unternehmen
2. Innovationspotenziale in der IuK-Technologie - Von der Informationstechnologie getragener Wandel von der Industriegesellschaft zur Wissensgesellschaft
3. Wertewandel in Arbeitswelt und Gesellschaft - Übergang von zentralisiert-hierarchischen Organisationsstrukturen zu dezentral vernetzten Organisationen. Das vernetzte Unternehmen besteht aus temporären Teams und reicht über das eigene Unternehmen hinaus zu Kunden, Lieferanten und ggf. Wettbewerbern. Die in (2) erwähnte IuK-Technologie ist Basis und Motor dieser Entwicklungen. Dies führt zu erhöhter Innovationsgeschwindigkeit und Neugestaltung von Supply Chains usw.[20]

Auf dem globalen Markt sind dramatische Veränderungen vorgezeichnet, wie es sie in der Industriegeschichte noch nie gegeben hat. Eine Auswertung der aktuellen Literatur ergibt die in Abbildung 4 - Aktuelle Problembereiche von Unternehmen - dargestellte Problemsammlung.[21]

---

[19] *Bamberger, Ingolf:* Strategische Unternehmensberatung, S. 75

[20] *Hopfenbeck, Waldemar:* Allgemeine Betriebswirtschafts- und Managementlehre, S. 79

[21] *Fernandet, Zulima; Nieto, Maria Jesus:* Impact on the ownership on the international involvement of SME, S. 340 – 351

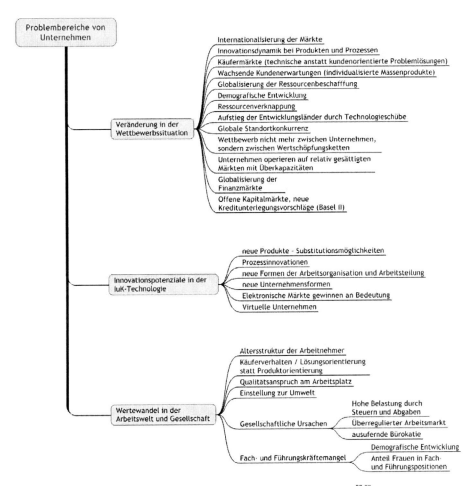

Abbildung 4 - Aktuelle Problembereiche von Unternehmen[22,23]

---

[22] *Bamberger, Ingolf:* Strategische Unternehmensberatung, S. 75

[23] *Wimmer, Rudolf:* Beratung und Organsiation, S. 72-73

2.5 Ergebnisse der Krisenforschung bei KMU und Familienunternehmen

In der betriebswirtschaftlichen Literatur werden drei Phasen von Unternehmenskrisen unterschieden:

Strategiekrise	... ist die Kernursache der wirtschaftlichen Fehlentwicklung, wobei die Auswirkungen schwierig erkennbar sind. Marktanteile brechen weg, Spezialisten verlassen das Unternehmen, betriebliches Umfeld verändert sich, ohne dass das Unternehmen angemessen auf die Veränderungen reagiert.
Erfolgskrise	Das Unternehmen erwirtschaftet Verluste, durch die das Eigenkapital aufgezehrt wird. Kennzeichen sind z. B. Umsatzrückgang, ungünstige Kostenstrukturen.
Liquiditätskrise	Hier liegt akute Zahlungsunfähigkeit vor, mit der Nichteinlösung von Darlehensraten und Kontoüberziehungen.

Tabelle 1 - Krisenphasen von Unternehmen[24]

Am deutlichsten lässt sich die Krise in einem fortgeschrittenen Stadium erkennen. Unmittelbar vor der Insolvenz lassen sich die Ursachen für die Krise jedoch nicht mehr unterscheiden; es liegt dann immer eine Liquiditätskrise vor. In den Phasen davor können jedoch typische Krisenursachen herausgearbeitet werden:

- Führung, d. h. mangelnde betriebswirtschaftliche Qualifikation der Führungskräfte sowie Mängel im betrieblichen Rechnungswesen
- Interne Expansion, d. h. unangemessene interne Organisation, mangelnde Koordination, unwirtschaftliche Produktionsabläufe
- Externe Expansion, d. h. fehlgeschlagene Wachstumsbestrebungen, erhebliche Fehlinvestitionen, Aufbau von Überkapazitäten
- Technologie, d. h. technologische Fehlentwicklungen oder Überalterung von Produkten und Dienstleistungen

---

[24] Portisch, Wolfgang; Shahisi, Kian: Sanierung und Restrukturierung, S. 19

- Abhängigkeit, d. h. zu starke Bindung an einen Kunden oder Lieferanten
- Umsatz, d. h. massiver Einbruch des Umsatzes

Zusammenfassend kann man feststellen, dass letztlich alle Unternehmenskrisen auf Führungsmängel und Fehlentscheidungen des Managements zurückgeführt werden können.[25]

---

[25] *Grape, Christian:* Sanierungsstrategien, S. 157

2.6 Schlüsselproblem: Qualifikation der Fach- und Führungskräfte

Eines der Schlüsselprobleme entsteht demnach durch die mangelnde Qualifikation von Führungskräften in KMU und Familienunternehmen:

- Fach- und Führungskräfte von KMU sind in der Regel in ihrem branchenspezifischen Fachgebiet qualifiziert, verfügen aber in sehr unterschiedlichem Ausmaß – und häufig unzureichend – über die für Unternehmensführung unter heutigen Bedingungen erforderlichen Kompetenzen.

- Während KMU grundsätzlich formellen Formen der Weiterbildung reserviert gegenüber stehen, sehen sie in der Kompetenzentwicklung des Führungspersonals den Bereich, in dem sie am stärksten auf externe Unterstützung angewiesen sind.

- Führungskräften von KMU kommt bei der Kompetenzentwicklung im Gesamtunternehmen eine Schlüsselrolle im Sinne des Kaskadenmodells zu: Eine Führungskraft erwirbt im Sinne dieses Modells extern neue Kompetenzen und gibt sie im Unternehmen „nach unten" weiter.

Weiterbildung – insbesondere von Fach- und Führungskräften – wird in KMU und Familienunternehmen jedoch oftmals vernachlässigt. In KMU und Familienunternehmen sind nicht nur die personellen und zeitlichen Ressourcen äußerst eng bemessen und lediglich eine eng begrenzte Möglichkeit auf externe Finanzierungsquellen vorhanden, sondern es fehlt auch an qualifizierten Experten und systematisierten, im Unternehmen verbreiteten Planungs- und Regelsystemen.[26]

Es gibt keine Konzepte zum Personalmanagement, d. h. Personalentwicklung und Weiterbildung, noch wird Innovations- oder Wissensmanagement betrieben. Prozesse sind eher unflexibel, da Konzepte zur Früherkennung von Chancen und Risiken weitestgehend unbekannt sind und auch Strategisches Management

---

[26] *Sroka, Wendelin:* 10. Statusbericht im Rahmen des Internationalen Monitoring Lernkultur Kompetenzentwicklung, S. 25

unzureichend umgesetzt wird. Bemühungen, Controllingsysteme wie z. B. die Balanced Scorecard einzuführen, scheitern an der Tatsache, dass oft keine Kennzahlen vorhanden sind.[27]

---

[27] *Stuhldreier, Jens:* Sicherung der Wettbewerbsfähigkeit von KMU durch qualifikatorische Anpassung, S. 46

2.7 Ansatzpunkte von KMU und Familienunternehmen

Mittelständische Unternehmen arbeiten am Erhalt ihrer Wettbewerbsfähigkeit: Sie rationalisieren, strukturieren um und fokussieren sich auf ihre Kernkompetenzen. Ein hoher Prozentsatz der Unternehmen will künftig expandieren und seine Aktivitäten im Ausland deutlich ausweiten, gleichzeitig ist aber auch Ernüchterung über die Chancen der neuen Märkte zu beobachten.[28] In den nächsten zwei Jahren (2006-2007) planen KMU und Familienunternehmen eine Reihe von Maßnahmen, um Ihre Wettbewerbsfähigkeit zu verbessern.[29]

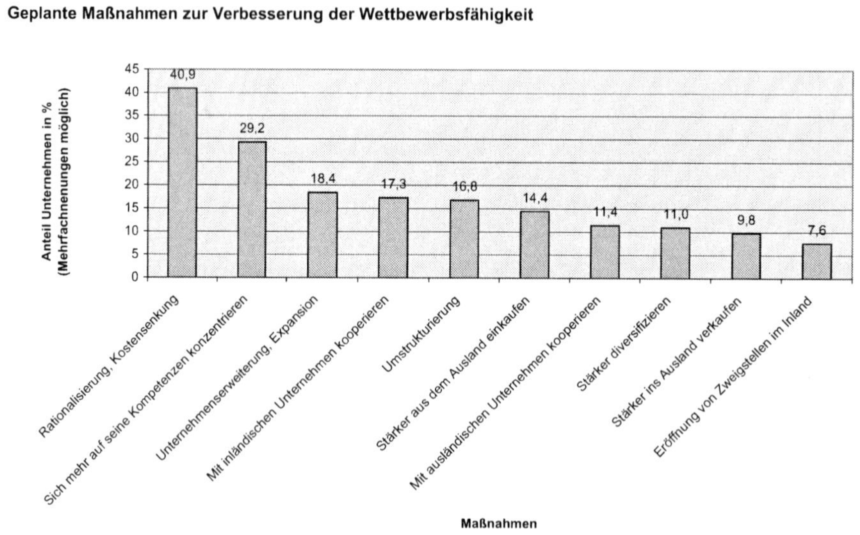

Geplante Maßnahmen zur Verbesserung der Wettbewerbsfähigkeit

- Rationalisierung, Kostensenkung: 40,9
- Sich mehr auf seine Kompetenzen konzentrieren: 29,2
- Unternehmenserweiterung, Expansion: 18,4
- Mit inländischen Unternehmen kooperieren: 17,3
- Umstrukturierung: 16,8
- Stärker aus dem Ausland einkaufen: 14,4
- Mit ausländischen Unternehmen kooperieren: 11,4
- Stärker diversifizieren: 11,0
- Stärker ins Ausland verkaufen: 9,8
- Eröffnung von Zweigstellen im Inland: 7,6

(Anteil Unternehmen in %, Mehrfachnennungen möglich)

Abbildung 5 - Geplante Maßnahmen zur Verbesserung der Wettbewerbsfähigkeit[30]

Der Großteil an Unternehmen setzt somit auf interne und reaktive Maßnahmen der Rationalisierung und Kostensenkung als Antwort auf Umfeldveränderungen. Die kreativen Gestaltungsspielräume im Markt werden nicht oder unzureichend genutzt.

---

[28] Mind – Mittelstand in Deutschland, www.mind-mittelstand.de, 7.9.2006, S. 18

[29] Mind – Mittelstand in Deutschland, www.mind-mittelstand.de, 7.9.2006, S. 24

[30] Mind – Mittelstand in Deutschland, www.mind-mittelstand.de, 7.9.2006, S. 23

2.8 Zukünftige Entwicklungen, Risiken und Chancen

Unternehmen bewegen sich in einem Umfeld mit hoher Entwicklungsdynamik. Die Anschlussfähigkeit des Systems Unternehmen an dieses Umfeld muss durch entsprechende Veränderungen im Unternehmen langfristig sichergestellt werden. Erfolge in der Vergangenheit bieten keine Sicherheit mehr für die Bewältigung der Zukunft. Insgesamt lässt dieses erhöhte Tempo die Schere zwischen den erforderlichen Reaktionszeiten und dem tatsächlichen Zeitbedarf für Veränderungen in Wirtschaftsorganisationen immer mehr auseinanderklaffen.[31]

Die neuen Herausforderungen sind in den hoch entwickelten westlichen Industrieländern weiterhin begleitet von standortspezifischen Hemmnissen. Deutschland ist mit seiner Regelungsdichte hiervon besonders betroffen.[32] Der Mittelstand leidet stärker unter negativen wirtschaftlichen Rahmenbedingungen als Großunternehmen. Die hohe Steuerlast ist für viele Mittelständler problematisch. Die Arbeit von Industrie- und Handelskammern wird zunehmend negativ bewertet und die Pflichtmitgliedschaft steht in der Kritik.[33]

Eine Änderung dieser Trends ist zumindest mittelfristig nicht zu erwarten, vielmehr kann man aus heutiger Sicht davon ausgehen, dass die von den Unternehmen erwartete Anpassungsgeschwindigkeit zukünftig eher noch zunehmen wird. Trotz dieser anhaltend schwierigen Rahmenbedingungen gilt jedoch weiterhin, dass Unternehmen, die sich rechtzeitig auf das entsprechende Umfeld einstellen, dadurch die Chance haben, eine gute Marktposition und damit Profitabilität zu erreichen. Auch in den schwierigsten Branchen gibt es Unternehmen, die aufgrund ihrer Positionierung profitabel wirtschaften.[34]

---

[31] *Wimmer, Rudolf:* Beratung und Organsiation, S. 72-73
[32] *Bamberger, Ingolf:* Strategische Unternehmensberatung, S. 76
[33] *Mind – Mittelstand in Deutschland*, www.mind-mittelstand.de, 7.9.2006, S. 48
[34] *Bamberger, Ingolf:* Strategische Unternehmensberatung, S. 77

3 Theoriegeleitete Überlegungen zu Beratungsinstrumenten in KMU

3.1 Entwicklung der klassischen Betriebswirtschaftslehre

Die Entwicklung der Betriebswirtschaftslehre kann geschichtlich in drei Hauptphasen unterteilt werden:

1. etwa 1900 – 1939, Taylorismus
   = klassisch, traditioneller Ansatz mit mechanistischem Menschenbild

2. etwa 1930 – 1960, Human Relations Bewegung
   = Mayo, Maslow, Herzenberg

3. etwa 1960 bis heute, Moderne Ansätze
   = Interdisziplinäre Ansätze, Organisationsentwicklung, Kulturansätze

Dabei wurde die Betriebswirtsaftslehre zu Beginn des letzten Jahrhunderts sehr stark von der „wissenschaftlichen Betriebsführung" (Scientific Management nach Taylor = Taylorismus) geprägt. Das Ziel war Produktivitätssteigerung durch die Optimierung fertigungstechnischer Abläufe. Der Mensch wurde als maschinenähnlicher Produktionsfaktor verstanden und Fragen der Standardisierung und Effizienzsteigerung bei weitgehender Vernachlässigung des Humanpotenzials standen im Vordergrund.

Das nach Taylor geprägte mechanistische Menschenbild fand auch Eingang in die durch Gutenberg geprägte betriebswirtschaftliche Produktions- und Kostentheorie. Sie bezieht die menschliche Arbeitsleistung, neben den Betriebsmitteln und Werkstoffen als dritten Produktionsfaktor in das System der Produktionsfaktoren mit ein. Die Zusammenhänge der industriellen Leistungserstellung werden in mathematisch formalisierten Produktions- und Kostenfunktionen ausgedrückt. Gutenberg weist jedoch darauf hin, dass sich der wirtschaftende Mensch mit seinen nicht quantitativ fassbaren, irrationalen Eigenschaften und Handlungsweisen nicht allein nach dem Rationalitätsprinzip verhält und so die Entwicklung eines Unternehmens auch von einer Reihe sozialer und persönlicher Faktoren abhängt.

Als Reaktion auf den einseitig ingenieurwissenschaftlichen Taylorismus entstand in der amerikanischen Betriebspsychologie und -soziologie die Human Relations Bewegung. Diese humanistische Managementtheorie ist gekennzeichnet durch die Betonung der humanen und sozialen Faktoren und menschlichen Aspekte der Arbeit. Der Mensch ist nicht nur Produktionsfaktor sondern ein soziales Wesen. Der Ursprung liegt bei den von Mayo durchgeführten „Hawthorne-Experimenten" bei der Western Electric Company in Chicago. Die Variation der Beleuchtung in Werkstätten als Rationalisierungsmaßnahmen erklären Schwankungen in der Produktivität nicht. Nach Mayo hängt die Arbeitsleistung nicht nur von den objektiven Arbeitsbedingungen, sondern mehr von sozialen Faktoren ab.

Zu Beginn der 70er Jahre des letzten Jahrhunderts vollzog sich ein Wertewandel in der Arbeitswelt. Neben der immer stärker werdenden Kritik an tayloristischen Arbeitsstrukturen, drückt sich diese Entwicklung aufgrund einer zunehmenden Sättigung materieller Bedürfnisse durch eine Suche nach höherer Lebens- und Arbeitsqualität aus. Zugrunde liegt die generelle Forderung nach Selbstverwirklichung in der Arbeitswelt durch die praktische Gestaltung menschengerechter Arbeitsstrukturen und Arbeitsinhalte als wichtige Motivationsquellen. Im Mittelpunkt der Humanisierungsdebatte stehen die Ausweitung des Handlungsspielraums, Persönlichkeitsentwicklung und die Qualifizierung der Mitarbeiter.

Hieraus entwickelte sich die Entscheidungsorientierte Betriebswirtschaftslehre – als Konkretisierung der sozialwissenschaftlichen Ansätze – durch Berücksichtigung des Themenbereiches „Führung" zu einer Unternehmensführungslehre.[35]

3.2 Aktuelle Trends in der Betriebswirtschaftslehre

Durch die Globalisierung der Märkte, die steigende Investitionsdynamik, die Entstehung von Käufermärkten hat sich die Wettbewerbssituation der Unternehmen in den letzten Jahren deutlich verschärft. Die Differenzierung von Wettbewerbern wird immer schwieriger, da sich die Produkte zunehmend gleichen. Innovationen sind in immer kürzeren Zeitabständen notwendig, um wettbewerbsfähig zu bleiben.

---

[35] *Heinen, Edmund:* Betriebswirtschaftliche Führungslehre, S. 15ff

Kunden verlangen individuelle, auf ihr Problem abgestimmte Produkte und Problemlösungen.

Die Betriebswirtschaftslehre ist ihrem Charakter nach eine Lehre der systematischen Erörterung von betrieblichen Steuerungsproblemen. Moderne Konzepte der Betriebswirtschaftslehre beschäftigen sich mit den vorgenannten praktischen Problemen bei dem Aufbau und der Steuerung von Unternehmen. Das Prinzip der Problemorientierung fordert auf, über alle Disziplingrenzen hinweg, auftretende Probleme bei der Steuerung von Betrieben zu verstehen.

Der Systemansatz der Betriebswirtschaftslehre, der die Vernetzung des Unternehmens mit dem Umfeld betont, führte zu einer stärkeren Management-Orientierung. Betriebswirtschaftliche Probleme und deren Lösungen kommen nicht isoliert vor, sondern immer im Verbund mit Problemen der Unternehmensführung.[36]

Ein Unternehmen gewinnt Legitimität durch die Generierung eines Nutzens durch den Einsatz knapper Ressourcen. Diese Funktion muss neben den ökonomischen auch ökologische Aspekte in betriebswirtschaftliche, ganzheitliche Aussagesysteme einbeziehen.[37]

Die Konzeption einer allgemeinen Unternehmenslehre der Hochschule St. Gallen löst sich von der Betrachtungsweise der traditionellen Betriebswirtschaftslehre, die Problembereiche nur auf ihre rein ökonomische Dimension zu beschränken, indem die Unternehmen als vieldimensionale Ganzheit verstanden wird. Diesem Ansatz liegt die Benutzung der Allgemeinen Systemtheorie zugrunde.[38]

Um den heutigen Anforderungen an Unternehmen durch die Veränderung auf den Märkten, den hohen Innovationsdruck durch die IuK-Technologie und den Wertewandel in Wirtschaft und Gesellschaft gerecht zu werden, muss gerade für

---

[36] *Hopfenbeck, Waldemar:* Allgemeine Betriebswirtschafts- und Managementlehre, S. 52
[37] *Hopfenbeck, Waldemar:* Allgemeine Betriebswirtschafts- und Managementlehre, S. 139
[38] *Hopfenbeck, Waldemar:* Allgemeine Betriebswirtschafts- und Managementlehre, S. 53

KMU und Familienunternehmen ein innovative systemische und ganzheitliche betriebswirtschaftliche Methode entwickelt werden.

3.3 Besonderheiten der KMU-Beratung

Die meisten Unternehmer in Klein- und Mittelbetrieben haben eine primär handwerklich/fachtechnisch und eher selten akademische Ausbildung. Oftmals bestehen daher Schwächen im Bereich Betriebswirtschaft und Management, weshalb grundsätzlich ein Bedarf nach externer Beratung besteht.[39]

Trotz Beratungsförderungsprogrammen für Klein- und Mittelbetriebe nutzen KMU Unternehmensberatung eher wenig. Die Beraterquote (Anteil Unternehmen, die Unternehmensberatung in Anspruch nehmen) wird bei mittelständischen deutschen Unternehmen heute mit etwa 40 % als sehr gering im Vergleich zu den USA (90 %) eingeschätzt. Dagegen verzeichnen Großunternehmen eine Beraterquote von 90 %.

Lediglich sieben Prozent der kleinen Unternehmen arbeiten kontinuierlich beziehungsweise mehrmals mit Beratern zusammen.[40] Nur etwa 5 % des Umsatzes der gesamten Beratungsbranche in Deutschland werden von KMU generiert, bei einem Anteil von 99,6 % aller umsatzsteuerpflichtigen Unternehmen.[41]

Die Literatur geht von einem wachsenden Beratungsmarkt für Klein- und Mittelbetriebe aus, der noch Potenzial in sich trägt. Deutlich wird dies auch an dem wachsenden Interesse internationaler Beratungsgesellschaften, die zunehmend auch Mittelstandsberatung anbieten.[42]

---

[39] *Haake, Klaus*: Beratung in Klein- und Mittelunternehmen (KMU). In: Bamberger, Ingolf (Hrsg.): Strategische Unternehmensberatung, Wiesbaden, S. 247.

[40] *Kohr, Jürgen*: Die Auswahl von Unternehmensberatungen: Klientenverhalten – Beratermarketing, München und Mering, S. 36.

[41] *Mind – Mittelstand in Deutschland*, www.mind-mittelstand.de, 7.9.2006

[42] Vgl. dazu bspw. das Leistungsangebot von BearingPoint, Inc. und PricewaterhouseCoopers AG: http://www.bearingpoint.de/content/solutions/index_3590.htm, 26.7.2006; http://www.pwc.com/de/-mittelstand/leistungen.html, 26.7.2006

3.3.1 Gründe geringer Inanspruchnahme von Beratungsleistungen

Die Zurückhaltung von KMU und Familienbetrieben gegenüber Unternehmensberatern resultiert aus folgenden Gründen:

- Schlechte Erfahrung (eigene oder fremde);
- Erwartung zu hoher Beratungskosten;
- Nutzen von Beratungen ist unbekannt;
- Schlechtes Image der Berater (fehlendes Vertrauen);
- Angst vor Geheimnisverrat;
- Existente Missverständnisse über das Wesen der Unternehmensberatung;
- Ergebnisse der Beratungsleistung sind meist erst später erkennbar;
- Zusätzlicher Zeitbedarf;

Ein weiterer wichtiger Aspekt liegt in der Mentalität des Unternehmers begründet. Vielfach besteht eine Scheu gegenüber Beratern, weil deren Inanspruchnahme als ein Zeichen von Schwäche gedeutet werden könnte. Zudem besteht die Gefahr, dass im Zuge der Ist-Analyse Schwachstellen im Management des Unternehmens aufgedeckt werden könnten.[43]

---

[43] *Risse, Winfried:* Marketing für die Beratung: Beruf und Rolle des Wirtschafts- und Unternehmensberaters in Klein- und Mittelbetrieben, S. 40f.

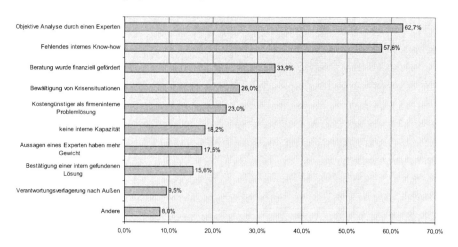

Abbildung 6 - Beauftragungsgründe für Berater aus KMU-Sicht[44]

---

[44] Kailer, Norbert; Walger, Gerd: Perspektiven der Unternehmensberatung von Klein- und Mittelbetrieben, S. 33

3.3.2 Einschränkung Problemorientierung

Die charakteristische Besonderheit der KMU-Beratung ist deren Problemorientierung. So zieht der KMU-Unternehmer meist erst dann einen Berater hinzu, wenn er von einem konkreten Problem betroffen ist. Die Erwartungshaltung des KMU-Unternehmers ist somit problem- oder anlassorientiert und nur in wenigen Fällen „konzeptorientiert", d. h. er erwartet keine wissenschaftlich fundierten Konzepte, sondern konkrete Problemlösungen, die rasch in die Praxis umzusetzen sind und die gewünschten Erfolge zeigen.[45]

Das Problem, welches sich für den Berater aus der konkreten Erwartungshaltung ergibt, liegt darin, dass die Probleme oftmals nur in den wenigsten Fällen direkt und schnell gelöst werden können. Es sind stimmige Konzepte nötig, die nur mit einer fundierten Analyse des Problems und dessen Umfeldes resultieren können. Für diese fundierten Analysen, die daraus resultierenden Konzepte und Interventionen, ist der KMU-Unternehmer oftmals nicht bereit zu vergüten. Hier ist das Verhandlungsgeschick des Beraters gefragt, um die Wichtigkeit der Analyse- und Konzeptarbeiten zu rechtfertigen.[46] Aus Kundensicht ist die vorwiegende Tätigkeitsform der KMU-Berater die Fachberatung zu speziellen Themen sowie das Verfassen von schriftlichen Gutachten.[47]

3.4 Mögliche Blockaden im Beratungsprozess

Bei der Beratung von Klein- und Mittelbetrieben muss besonders der personale Aspekt berücksichtigt werden. Die typische Kommunikationsstruktur in der Beratung von Klein- und Mittelbetrieben ist meistens: Unternehmer – Berater, und nicht: Geschäftsleitung – Beratungsteam, wie in Großbetrieben. Dieses hat zwar den Vorteil, dass der Berater den spezifischen Ablauf in Kleinbetrieben schnell erfassen kann. Andererseits sind persönlich bedingte Kommunikationsprobleme beider

---

[45] *Haake, Klaus*: Beratung in Klein- und Mittelunternehmen (KMU). In: Bamberger, Ingolf (Hrsg.): Strategische Unternehmensberatung, S. 251.

[46] *Mugler, Josef*: Unternehmensberatung für Klein- und Mittelbetriebe. In: Hofmann, Michael (Hrsg.): Theorie und Praxis der Unternehmensberatung: Bestandsaufnahme und Entwicklungsperspektiven, Heidelberg 1991, S. 379.

[47] *Bamberger, Ingolf:* Strategische Unternehmensberatung, S. 228

Partner kaum zu lösen. Auch die psychologische Ähnlichkeit zwischen häufig selbständig agierendem Berater und dem unabhängigen Unternehmer birgt Konfliktstoff: denn „diese führt in der Regel nicht zu einer Akzeptanz, sondern überraschenderweise wird der demselben wirtschaftlichen Milieu entstammende Berater mit mehr Misstrauen belegt als der angestellte Berater großer Beratungsunternehmen."[48]

Eine weitere Besonderheit von Klein- und Mittelbetrieben liegt darin, dass die Unternehmensleitung oft nicht in dem Maße verändert werden kann, wie dies für eine Erfolg versprechende Führung des Betriebes notwendig wäre. Der Berater stellt fest, dass die Voraussetzungen für die Verwirklichung einer Lösung durch den Unternehmer nicht gegeben sind. Hinter dem wahrgenommenen Problem liegt ein weiteres, entweder nicht wahrgenommenes oder ohne tief greifende Intervention nicht zu lösendes Problem. Hierbei könnte es sich z. B. um kontraproduktive familiäre Beziehungen oder um mangelnde Führungsfähigkeiten in der Person des Unternehmers handeln. Weiterhin ist festzustellen, dass durch den engen Kontakt des Unternehmers zu seinen Mitarbeitern eine Tendenz entstehen kann, die Kritik oder Verbesserungsvorschläge an Mitarbeitern vermeidet, um ein bestehendes gutes Verhältnis nicht zu zerstören. Von Seiten der Mitarbeiter kann der Unternehmensberater als „Störfaktor" gesehen werden, könnte dieser doch zu einer Veränderung im operativen Arbeitsablauf beitragen, die als zukünftige zusätzliche Belastung gefürchtet wird.

3.5 Empirische Identifikation von Erfolgsfaktoren der KMU-Beratung

Der Markt für Leistungen der Unternehmensberatung wächst ständig und mit seinem Wachstum steigt die Intransparenz. Zahlreiche wenig qualifizierte Anbieter haben mit spektakulären Misserfolgen das Image von Unternehmensberatungen beschädigt. Im

---

[48] *Sertl, Walter*: Klein- und Mittelbetriebe – ein eigenständiges Beratungsfeld. In: Hofmann, Michael; Sertl, Walter (Hrsg.): Management Consulting: Ausgewählte Probleme und Entwicklungstendenzen der Unternehmensberatung, S. 311.

Folgenden geht es um die Darstellung empirischer Erfolgsfaktoren[49] von Unternehmensberatungs-Projekten.

Bei der Einschaltung von Unternehmensberatern geht es demnach primär um die Steigerung der Wettbewerbsfähigkeit wie Umsatzsteigerung und Marktanteilsverbesserung. An zweiter Stelle werden die Ziele Prozessverbesserung, Reengineering, Restrukturierung und Kostenreduzierung genannt. In erfolgreich verlaufenen Beratungsprojekten fällt jedoch auf, dass die intern orientierten Ziele stärker betont werden als in weniger erfolgreichen Projekten.

Die Entscheidung für die Beauftragung eines Unternehmensberaters wird durch die Unternehmensleitung getroffen. Bei erfolgreich verlaufenen Beratungsprojekten wurde den Mitgliedern der zweiten und folgenden Hierarchiestufen ein tendenziell höheres Mitspracherecht eingeräumt. Somit empfiehlt es sich, die betroffenen Mitarbeiter und Führungskräfte bereits in die Ausgangsentscheidung zur Unternehmensberatung mit einzubeziehen.

Ein substanzieller Unterschied ergibt sich in der Auswertung der Größe der Beratungsgesellschaften bezüglich des Beratungserfolges. Demnach dominieren große Beratungsgesellschaften den Markt der Unternehmensberatung und wickeln den Großteil d. h. etwa 80 % der Beratungsprojekte ab. Jedoch darf man kleine Gesellschaften nicht unterschätzen, da sie viermal häufiger an erfolgreichen Projekten als an nicht-erfolgreichen Projekten beteiligt sind.

Wichtigste Auswahlkriterien für Unternehmensberater sind nach der empirischen Studie die Qualifikation und Reputation des Beraters. Empfehlungen von Verbänden, Beratungskosten des Projektes, das schriftliche Exposé und die Präsentation des Beraters spielen eine eher untergeordnete Rolle für die Erzielung eines Projekterfolges.

---

[49] *Fritz, Wolfgang; Effenberger, Jens:* Strategische Unternehmensberatung – Verlauf und Erfolg von Projekten, Die Betriebswirtschaft, Nr. 1/1998, S. 104-120

In der Studie wurde auch die Zufriedenheit mit der Durchführungsphase erhoben. Hier überrascht es nicht, dass die Zufriedenheit mit den Informationsprozessen, der Entwicklung, Beurteilung und Empfehlung von Handlungsalternativen, der Einbeziehung von Mitarbeitern und Präsentation der Beratungsgesellschaft in erfolgreichen Projekten eindeutig größer ist als in weniger erfolgreichen Projekten. Die Einbindung des Klientenunternehmens ist ein weiterer wichtiger erfolgskritischer Faktor, der sich günstig auf den Projektverlauf auswirkt.

Wird die Implementierungshilfe des Beraters zur Umsetzung der Handlungsvorschläge in die Praxis in Anspruch genommen, verlaufen die Projekte tendenziell erfolgreicher.

Nach Abschluss der Beratungsprojekte wurde der Projekterfolg anhand verschiedener Kriterien beurteilt. Die ökonomische Bewertung ist jedoch oftmals schwierig, da sich die Ergebnisse eher langfristig einstellen und mit dem Instrument des Rechnungswesens nur schwer zu erfassen sind. Trotz dieser Bewertungsprobleme wurde im Rahmen der Studie ermittelt, dass etwa in der Hälfte der Projekte ein ökonomischer Erfolg (Erhöhung Gewinn, ROI, Umsatz und Marktanteil) sich mittelfristig, d. h. in weniger als vier Jahren einstellt.[50]

3.6 Methodische Erfolgsfaktoren der KMU-Beratung

Die zentrale Forderung nach einer systematischen Arbeit kann auf keinen Fall heißen, den Expertentaylorismus der Großindustrie und die dort entwickelten Konzepte und Instrumente umstandslos auf KMU zu übertragen. Denn KMU besitzen eine eigene Handlungslogik. Es gilt deshalb, vorhandene Werkzeuge und Vorgehensweisen auf diese Bedarfe zuzuschneiden oder Neue zu entwickeln. KMU-gerechte Werkzeuge müssen insbesondere das Lernen in der Arbeit und die Erfahrungsreflexion unterstützen, ein Mitlernen und eine Instrumentenaneignung erlauben, die meist knappen Ressourcen berücksichtigen, widersprüchliche Anforderungen mitdenken und abgleichen (wie z. B. die Widersprüche zwischen

---

[50] *Fritz, Wolfgang; Effenberger, Jens:* Strategische Unternehmensberatung – Verlauf und Erfolg von Projekten, Die Betriebswirtschaft, Nr. 1/1998, S. 104-120

Produktion und Vertrieb) und Eigenschaften wie Flexibilität, schnelle Entscheidungen und Mitarbeiterengagement erhalten und stärken.

Das Fitnessprogramm unterstützt den Prozess, das Dickicht undurchsichtiger, komplexer, sich ständig wandelnder unternehmensinterner und -externer Bedingungen zu durchleuchten, zu sortieren und überschaubar zu machen. Es spricht die wesentlichen, erfolgsrelevanten internen und externen Unternehmensaspekte an und berücksichtigt die Unternehmensherkunft, die -gegenwart und die -zukunft.

Für das Fitnessprogramm lassen sich somit die folgenden methodischen Erfolgsmerkmale identifizieren:

- Kompetenzmarketing/-kommunikation für das Fitnessprogramm als Marketinginstrument für die Unternehmensberatung.

- Auswahlkriterium der Unternehmensberatung sollten Qualifikation und Reputation sein. Kernproblem einer Vielzahl von KMU ist die mangelnde Systematik, Transparenz, Integration und Verankerung überlebenswichtiger Themen im Unternehmen.

- Begleitung der Implementierungsaufgabe/Umsetzung der Handlungsempfehlung durch die Unternehmensberatung. Es mangelt in KMU oft an passenden Formen der Institutionalisierung, orientierenden Standards und unterstützenden Werkzeugen.

- Projektergebnisse sollten eher von unternehmensintern orientierten Zielen (Restrukturierung, Kosteneinsparung) als von extern orientierten Zielen (Umsatz etc.) gesteuert werden. Jedes Unternehmen muss seinen eigenen, spezifischen Weg der Weiterentwicklung finden. Ohne unmittelbaren, erkennbaren Nutzen schlafen Maßnahmen vielfach frühzeitig ein. Ohne feste Vereinbarungen und konsequente Treiber und Organisatoren scheitert die Maßnahmenumsetzung zumeist.

- Beratung von KMU ist in der Regel „hemdsärmelig" und eher kurzfristig orientiert. Deshalb gilt es zum einen, in möglichst kurzen zeitlichen Abständen die Richtigkeit der Schlussfolgerungen zu prüfen, und zum anderen, die Fähigkeit zu verbessern, auf veränderte Anforderungen möglichst schnell zu reagieren. KMU-gerechte Werkzeuge sind:

    o   pragmatisch orientiert, einfach konstruiert, weniger ist oft mehr.

    o   nicht nur am konkreten Ergebnis, der Sache und dem Prozess orientiert, sondern auch am Mitlernen, erlebbaren Handlungserfolgen und Könnenserwerb; sie setzen Impulse.

- Einbindung von Mitarbeitern der verschiedenen Hierarchieebenen in die Erarbeitung und Umsetzung der Handlungsempfehlungen in Form einer Teamorganisation bestehend aus Mitgliedern des Beratungs- und Kundenunternehmens. Veränderungsarbeit besitzt viele Formen und Orte im Unternehmen und bedarf einer passenden Mischung von top-down und bottom-up sowie konzeptgeleiteter und in die Umsetzung eingebetteter Varianten. Die meist knappen Ressourcen, die geringe Expertendichte und das Lernen in der Arbeit als zentrale Lernform sind Rahmenbedingungen der Beratung von KMU.

- Die Schwierigkeit der Vermittlung erarbeiteter Strategien und Unternehmensziele an die Mitarbeiter wird in der Regel unterschätzt – die operative Orientierung der Mitarbeiter erschwert das Strategielernen. Die Etablierung einer lernenden Strategie bedarf eines mehrjährigen Lernprozesses und eines langen Atems.

4 Beratungskonzept Fitnessprogramm

4.1 Kausalität von Fitness und Unternehmenserfolg

Eines der grundlegenden Probleme von Unternehmen besteht darin, die Zukunft nicht vorhersagen zu können oder gar, im extremsten Fall, mit einer prinzipiellen Unprognostizierbarkeit von Markt-, Kunden- und Wettbewerbsstrukturen konfrontiert zu sein. Diese Schwierigkeiten werden durch eine zunehmende Intransparenz, Dynamik, Diskontinuität und Vielfalt der relevanten Bedingungen im Unternehmensumfeld und dem Unternehmen noch gesteigert. Die Leitung von Unternehmen ist deshalb einem hohen Maß an Unsicherheit bei gleichzeitiger Forderung nach Führung, Vorgaben und Planungssicherheit ausgesetzt. Persönliche Grenzen werden erreicht und es wächst die Einsicht, dass eine veränderte, intensivere Beschäftigung mit Zukunfts- und Überlebensfragen des Unternehmens dringend notwendig ist.

Das Fitnessprogramm für KMU und Familienunternehmen ist ein Werkzeug zur Ausarbeitung und Verankerung eines zukunftsorientierten, unternehmensindividuellen Entwicklungskonzeptes. Das Fitnessprogramm umfasst sowohl einen Leitfaden für den Fitnesscheck, d. h. eine Unternehmensanalyse, als auch Handlungsanleitungen für eine sach- und situationsgerechte Vorgehensweise und unterstützt das Lernen aller Beteiligten. Partizipation und Konsensorientierung sichern das Verständnis, die Akzeptanz und die aktive Mitwirkung der Beschäftigten.

Unternehmensführung findet zwar in jedem Unternehmen statt, häufig jedoch in einer vorwiegend impliziten, intuitiven Form. Demgegenüber will der Begriff Fitness strategisches Denken und Handeln mit dem Ziel der Leistungssteigerung explizit bewusst machen, rationalisieren und die Entwicklung von Unternehmen gezielt gestalten. Aufgegriffen werden Themen, die als überlebenswichtig für die Entwicklung des Unternehmens nach außen zur Umwelt und nach innen zu sich selbst angesehen werden.

Das Fitnessprogramm ist keine Einmalaktivität, sondern ein revolvierender Prozess von der Analyse, Zielbestimmung, Planung und Umsetzung bis zur Ergebniskontrolle. Es ist ein beständiger Lern- und Gestaltungsprozess.

Im Unterschied zu Modellen der betriebswirtschaftlichen Planung, die davon ausgehen, die Entwicklung von Unternehmen könne vollumfänglich gesteuert werden, oder zu Annahmen, nach denen die Unternehmensentwicklung prinzipiell unsteuerbar ist und nur ein mühsames „durchwursteln" bleibt, wird hier eine dritte Sichtweise favorisiert: Unternehmensfitness als geplante Evolution. Dabei dient eine grob gerasterte, konzeptionelle Gesamtsicht des Unternehmens zur Steuerung der einzelnen Unternehmensschritte und jeder konkrete Schritt hat wiederum Auswirkungen auf die Gesamtsicht und führt zu deren Modifikation und Konkretisierung. Wohin die Unternehmensentwicklung letztlich geht, wird in einem mehr oder weniger engen Korridor vorgedacht.

Die beteiligten Akteure lernen im Prozess aus ihren Erfahrungen und gewinnen Rückschlüsse für ihre weiteren Vorgehensweisen. In dem fortlaufenden kollektiven Lernprozess werden Ideen generiert, geprüft und durch Erfahrungen bestätigt oder revidiert. Dieser Prozess bewegt sich im Spannungsfeld von deduktiv abgeleiteten Ideen und induktiv gewonnener Erfahrung sowie top-down-Planungen und bottom-up-Initiativen. In einer solchen erweiterten Sicht sind strategische Aktivitäten zur Steigerung der Fitness des Unternehmens nun nicht mehr eine exklusive Aufgabe der betrieblichen Führung, sondern sie werden vielmehr zur betrieblichen Gemeinschaftsaufgabe. Ein lebendiges, erfolgreiches Fitnessprogramm besteht nicht nur aus Analysieren und Planen, sondern auch aus Umsetzen, Prüfen und Korrigieren, und bedarf weit mehr als ausschließlich Managementaktivitäten.[51]

---

[51] *Konigswieser, Roswitha; Exner, Alexander:* Systemische Interventionen, S. 30

4.2 Analyse erfolgreicher Managementmodelle

In der betriebswirtschaftlichen Literatur ist eine Vielzahl von Modellen zur Unternehmensentwicklung beschrieben. Hier werden fünf unterschiedliche Modelle stichwortartig vorgestellt und der Zusammenhang mit dem Fitnessprogramm aufgezeigt:

- EFQM-Modell – Europäisches Managementmodell für Business Excellence
- Malcom Baldrige Award – Amerikanisches Modell für Qualtätsmanagement
- McKinsey 7s Modell – Studie zu Bedingungen für Spitzenleistungen in Unternehmen
- Die fünfte Disziplin – Rahmenbedingungen für eine lernenden Organisation
- 4P - The Toyota Way – Managementmodell des weltweit erfolgreichsten Automobilproduzenten

Den Managementmodellen sind der Veröffentlichungszeitpunkt und der fachliche Hintergrund der Autoren deutlich anzumerken. So sind die hauptsächlichen Perspektiven des EFQM-Modells und des Malcom Baldrige Awards die Themen des Qualitätsmanagements. Die Autoren argumentieren mit Annahmen aus dem Bereich der industriellen Großserienproduktion – also eines stabilen Marktumfeldes mit umfangreichen Absatzmöglichkeiten.

Das McKinsey 7s-Modell wurde 1981 veröffentlicht und Peter Senges Buch „Die 5. Disziplin" kam 1990 auf den Markt. Die Autoren ermitteln auf Basis empirischer Daten und sozialwissenschaftlicher Ansätze Handlungsfelder und generische Strategien von erfolgreichen amerikanischen Unternehmen. Die Veröffentlichung „4P – The Toyota Way" basiert auf dem Lean Management Ansatz mit dem Toyota zum erfolgreichsten Automobilproduzenten wurde.

Diese Modelle stammen somit ausnahmslos aus der Großindustrie und sind nur bedingt tauglich zur Anwendung in KMU und Familienunternehmen.

4.2.1 EFQM-Modell

Die European Foundation for Quality Management ist eine europäische Stiftung namhafter Industrieunternehmen. Diese Stiftung hat in Zusammenarbeit mit der EU-Kommission ein Referenzmodell für die Selbstbewertung des Qualitätsmanagements entwickelt. Es besteht aus insgesamt neun Kriterien, die im Folgenden definiert werden:[52]

Kriterium	Definition
Befähiger	
Führung	Führungskräfte entwickeln die Vision, Mission, Werte und ethischen Grundsätze und sind Vorbilder für die Kultur der Excellence
Mitarbeiter	Managen, Entwickeln und Entfalten des gesamten Mitarbeiterpotenzials auf der Individual-, Team- und Organisationsebene
Politik und Strategie	Auf die Interessengruppen ausgerichtete Strategie; Politik, Ziele und Pläne werden zur Entfaltung der Strategie entwickelt und umgesetzt
Partnerschaften und Ressourcen	Management von externen Partnerschaften, Finanzen, Gebäuden, Einrichtung, Material, Technologie, Informationen und Wissen
Prozesse	Entwicklung, systematische Gestaltung und Verbesserung der gesamten Prozesse im Unternehmen

---

[52] *Deutsches EFQM Center:* http://www.deutsche-efqm.de/download/Excellence_einfuehren-_2003(5).pdf, 13.9.2006

Kriterium	Definition
Ergebnisse	
Mitarbeiterbezogene Ergebnisse	Leistungsindikatoren; durch umfangreiche Messungen bezüglich der Mitarbeiter eines Unternehmens
Kundenbezogene Ergebnisse	Messergebnisse über die Wahrnehmung; Leistungsindikatoren
Gesellschaftsbezogene Ergebnisse	Beziehung zur Gesellschaft und die Messung der Wahrnehmung des Unternehmens in der Gesellschaft
Schlüsselergebnisse	Messergebnisse bezüglich der Schlüsselelemente der Politik und Strategie des Unternehmens; Schlüsselleistungsindikatoren

Tabelle 2 - Kriterien des EFQM-Modells

Das EFQM-Modell ist im Vergleich zu den anderen vorgestellten Managementmodellen der umfassendste Ansatz. Es fehlen jedoch aktuelle Themen wie Markt- und Wertorientierung und die Perspektive der Organisationsentwicklung (Globalisierung, Shareholder Value und Flexibilität).

4.2.2 Malcolm Baldrige Award

Der Malcolm Baldrige National Quality Award wurde 1987 vom US-amerikanischen Kongress zur Verbesserung der Wettbewerbsfähigkeit der Wirtschaft per Gesetz ins Leben gerufen. Damit wurde Produkt- und Servicequalität als ein Anliegen von nationaler Bedeutung erkannt. Er beinhaltet sieben Kriterien, die im Folgenden definiert werden:[53]

Kriterium	Definition
Führung	Wie die Organisation geführt, gesteuert und aufrechterhalten wird; Haltung zur ethischen, rechtlichen und sozialen Verantwortung
Strategische Qualitätsplanung	Alle Maßnahmen zur strategischen Planung; Festlegung wie diese umgesetzt werden und – wenn nötig – geändert werden; Messung der Prozesse
Kundenwünsche und deren Erfüllung	Alle Maßnahmen der Organisation zur Erfüllung von Anforderungen, Bedarfen, Erwartungen und Präferenzen der Kunden und Märkte
Information und Analyse	Maßnahmen, wie die Organisation Daten sammelt, selektiert, analysiert, managt und nutzt; wie die Organisation ihre Leistungsfähigkeit bewertet
Personalentwicklung und Management	Alle Maßnahmen zur Qualifikation und Entwicklung der Mitarbeiter, ihr gesamtes Potenzial in Ausrichtung auf die Unternehmensziele auszuschöpfen; Schaffung eines entsprechenden Arbeitsklimas
Prozessmanagement	Beschreibt die Vorgehensweise zur Optimierung aller Schlüsselprozesse und Arbeitseinheiten
Qualität und operationale Ergebnisse	Maßkriterium zur Bewertung der Leistungsfähigkeit in allen Schlüsselbereichen

Tabelle 3 - Kriterien des Malcom Baldrige Awards

---

[53] *NIST, USA:* http://www.quality.nist.gov/PDF_files/2006_Business_Criteria.pdf, S. 14 bis 33

Auch bei dem Malcom Baldrige Award lässt der interne Fokus Mängel an der Auswahl der Kriterien erkennen. Es fehlen auch hier die Perspektiven Markt- und Wertorientierung und die Perspektive der Organisationsentwicklung (Globalisierung, Shareholder Value und Flexibilität).

4.2.3 McKinsey 7s-Modell

Tom Peters und Robert Watermann haben in ihrer Zeit bei der Unternehmensberatung McKinsey Anfang der Siebzigerjahre ein Modell entwickelt, um zu verstehen, wie Unternehmen Spitzenleistungen erzeugen. Dabei entdeckten sie sieben wichtigen Säulen oder Grundregeln, die im Folgenden näher erläutert werden:[54]

Kriterium	Definition
Die harten „S"	
Strategy – Strategie	Maßnahmen, die das Unternehmen in Erwartung von oder in Reaktion auf Veränderungen in seiner Umwelt plant
Structure – Struktur	Basis für Spezialisierung, Koordination und Kooperation der Unternehmensbereiche
Systems - Systeme	Formelle und informelle Prozesse zur Umsetzung der Strategie in den gegebenen Strukturen
Die weichen „S"	
Style/Culture – Unternehmenskultur	Kultur des Unternehmens, bestehend aus den beiden Komponenten Organisationskultur und Führungsstil
Staff – die Menschen	Ausgestaltung des Personalwesens bzw. der HR-Aktivitäten – Personalentwicklungsprozesse, Sozialisierungsprozesse, Wertegestaltung beim Managementnachwuchs, Einbindung von neuen Mitarbeitern in das Unternehmen, Aufstiegsmöglichkeiten, Mentoring- und Feedbacksysteme
Skills – Fähigkeiten	Die charakteristischen Fähigkeiten, d. h. das, was das Unternehmen am besten kann und tut
Shared Values, auch Superordinate Goals – die Vision	Die grundlegenden Ideen auf denen das Unternehmen basiert, die Vision des Unternehmens – für das Unternehmen von großer Innen- und Außenwirkung, i. d. R. mit einfachen Worten auf einem abstrakten Niveau formuliert

Tabelle 4 - Handlungsfelder des 7s Modells nach McKinsey

---

[54] *Peters, Thomas J.; Waterman, Robert H.:* Auf der Suche nach Spitzenleistungen, S. 27

Das McKinsey 7s-Modell wurde in Zeiten stabiler Nachfrage und geringer Notwendigkeit schneller und flexibler Anpassungsfähigkeit entwickelt. Auch der Sharholder Value ist nicht in das Modell aufgenommen worden. Es fehlen somit die Bestandteile zur Sicherstellung von Flexibilität wie Organisationsentwicklung, Wert- und Marktorientierung.

4.2.4 Die fünfte Disziplin

Organisationen ändern sich nur, wenn sich die Denkweisen der Mitarbeiter ändern. So könnte die zentrale These Peter Senges in seinem Buch „Die Fünfte Disziplin", lauten. Das Funktionieren von Organisationen ist abhängig davon, "wie wir denken und wie wir interagieren." Koordiniertes Handeln lässt sich aber nur realisieren, wenn eine grundlegende Veränderung unserer Denkweisen stattfindet, die sich auf unser Leben selbst bezieht.[55] Die fünf Disziplinen sind im folgenden kurz erläutert:

Kriterium	Definition
Personal Mastery	Schaffung einer Organisationsumwelt, in der sich alle Mitglieder selbst in die Richtung ihrer selbstbestimmten Ziele entwickeln
Mental Mastery	Reflektion der inneren Bilder von der Welt und deren kontinuierliche Verbesserung und man erkennt, wie sie die eigenen Handlungen und Entscheidungen beeinflussen
Vision	Schaffung einer gemeinsamen Vision und Erklärung von Prinzipien und Methoden, mit deren Hilfe man die Zukunft gestalten will
Team learning	Schaffung neuer Kommunikationsformen, die sicherstellen, dass das Wissen der Gruppe größer ist als die Summe der einzelnen Begabungen
System thinking	Die integrative (Fünfte) Disziplin, die die anderen vier in einem zusammenhängenden Körper der Theorie und der Praxis fixiert

Tabelle 5 - Fünf Disziplinen für eine lernende Organisation

---

[55] *Peter M. Senge:* Das Fieldbook zur fünften Disziplin, S. 6-7

4.2.5 4P – The Toyota Way

Die Erklärung für Toyotas Erfolg liegt in der Kombination des Wandels mit einer konstruktiven Unternehmenskultur als Managementsystems. Das Beispiel Toyotas beinhaltet wertvolle Lehren in Bezug auf das Change Management und die kontinuierliche Erhöhung der Wettbewerbsfähigkeit eines Unternehmens. Management des Wandels und eine kontinuierlich verbessernde Unternehmenskultur wird hier mittels vier genereller Prinzipien erreicht.[56]

Kriterium	Definition
Problemlösung	Kontinuierliche Verbesserung, Organisationales Lernen durch Kaizen
Menschen und Partnerschaften	Führungspersonen, die die Philosophie leben, externe Partnerschaften, Respekt, Wettbewerb
Prozesse	Vermeidung von Verschwendung
Philosophie	Gelebte Unternehmensphilosophie

Tabelle 6 - Kriterien des 4P – Toyota Way

4.3 Handlungsfelder des Fitnessprogramms

Die bisherigen Ausführungen verdeutlichen, dass es zwischen KMU und Großbetrieben wesentliche Unterschiede gibt. Die in Großbetrieben entwickelten Managementmodelle und Instrumente sind nicht ohne Weiteres auf KMU und Familienunternehmen zu übertragen.

Wertet man die Vorüberlegungen zu KMU, Familienunternehmen, den typischen Problemen von Unternehmen, den speziellen Problemen von KMU und Familienunternehmen sowie deren speziellen Sichtweisen zum Thema Unternehmensberatung aus, so ergeben sich die folgenden Rahmenbedingungen:

---

[56] *Jeffrey K. Liker:* The Toyota Way, S. 6

- Das Beratungskonzept muss pragmatisch an den wahrgenommenen Problemen des Unternehmens/Unternehmers ansetzen.

- In KMU und Familienunternehmen sollte möglichst lösungsorientiert gearbeitet werden, um umfangreiche und damit teure Problemanalysen zu vermeiden.

- Bei der Beratung muss prozessorientiertes Lernen ermöglicht werden und durch Einbindung die Akzeptanz der Betroffenen gesichert werden.

- Das Beratungskonzept muss die typischen Schwachstellen von KMU und Familienunternehmen berücksichtigen und geeignete Lösungen anbieten.

- Das Beratungskonzept muss den strukturellen Wandel der Rahmenbedingungen für Unternehmen beinhalten und zukunftsfähige Lösungsvorschläge machen.

- Da die Betriebswirtschaftslehre als kontingente Wissenschaft sich aufgrund der aktuellen Problemlösungen weiterentwickelt, muss das Beratungskonzept auf modernen und damit interdisziplinären und systemtheoretischen Ansätzen beruhen.

In dieser Arbeit wird, auf Basis der beschriebenen Managementmodelle, das Fitnessprogramm entwickelt und als pragmatisches Instrument zur Unternehmensentwicklung ausformuliert. In der Verbindung der Managementmodelle ergeben sich die folgenden Handlungsfelder:

Handlungsfeld	Fokus
Strategisches Management	Erarbeitung von fundierten Zukunftsplänen unter Berücksichtigung der internen Stärken und der Chancen am Markt
Wertorientiertes Management	Sicherung und Steigerung der Erträge und des Unternehmenswertes
Marktorientiertes Management	Orientierung an den Markt- und Kundenanforderungen
Personalmanagement	Entwicklung der Mitarbeiter als wichtige Ressource im Unternehmen
Change Management/ Organisationsentwicklung	Institutionalisierung von Flexibilität und Anpassungsfähigkeit
Prozessmanagement	Optimierung der Wertschöpfungsketten zur kostenoptimalen und kundenorientierten Arbeitsweise

Tabelle 7 - Handlungsfelder des Fitnessprogramms

In der folgenden Grafik sind ausgewählte Modelle bezüglich ihrer Handlungsfelder im Vergleich zum Fitnessprogramm dargestellt.

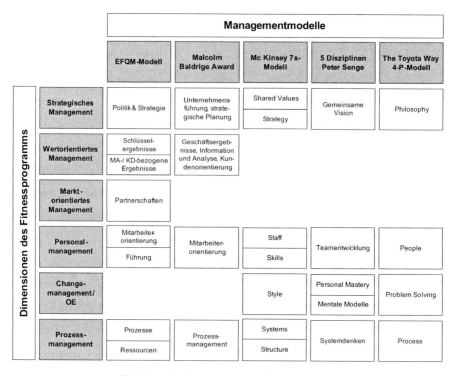

Abbildung 7 - Managementmodelle im Vergleich

In Abbildung 7 - Managementmodelle im Vergleich – wird deutlich, dass die Modelle Gemeinsamkeiten, aber auch bedeutende Unterschiede haben. Besonders fällt dies an den Themen Wertorientiertes Management, Marktorientiertes Management und Change Management/Organisationsentwicklung auf.

In Abschnitt 2.4 - Der strukturelle Wandel in der Industriegesellschaft – wurden als wesentliche Veränderungen identifiziert:

- die veränderte Wettbewerbsposition der Unternehmen (Marktorientierung)
- die Nutzung von Innovationspotenzialen durch die IuK-Technologie (Wertorientierung)
- der Einfluss des Wertewandels in Arbeitswelt und Gesellschaft (Change Management, d. h. aktive Einbindung der Mitarbeiter)

Im Gegensatz zu den dargestellten Managementmodellen beinhaltet das Fitnessprogramm die strukturellen Veränderungen der Industriegesellschaft. Das Fitnessprogramm gleicht damit eine wesentliche Schwäche der bisherigen Managementmodelle aus und bietet einen modernen ganzheitlichen Ansatz zur Entwicklung von KMU und Familienunternehmen.

4.4 Strategisches Management

Der Begriff Strategie bezeichnet ein längerfristig ausgerichtetes planvolles Anstreben einer vorteilhaften Lage oder eines Ziels. Er stammt aus dem Griechischen und bedeutet dort Heeresführung (stratos = Heer, agein = führen). Strategisches Handeln ist ein zielorientiertes Vorgehen nach einem langfristigen Plan.[57]

Klare Strategien und ihre erfolgreiche Umsetzung sind für jedes Unternehmen entscheidende Erfolgsfaktoren. Eine Unternehmensstrategie zu formulieren heißt, Zukunftskonzepte auf der Grundlage detaillierter Analysen und umfassender Zielprozesse praxisnah für KMU und Familienunternehmen zu entwickeln, sowie eine klare Positionierung bezüglich Produkten und Märkten zu erarbeiten. Weiterhin gibt eine Strategie eine grundsätzliche Perspektive des Unternehmens bezüglich der Art und Weise, wie eine Organisation auf Ereignisse im Umfeld reagiert, wieder.[58]

Eine Strategie ist somit ein Muster, nach dem ein Unternehmen über einen längeren Zeitraum hinweg konsistent agiert. Die Strategieentwicklung bedarf eines kontrollierten Vorgehens, das Lernerfahrungen ermöglicht. Eine beabsichtige Strategie wird aufgrund der Prognoseunsicherheit und der dynamischen Umwelteinflüsse nicht vollständig realisiert werden können. Retrospektiv betrachtet entsteht somit eine Differenz zwischen bewusst geplanter Strategie und der tatsächlich realisierten Strategie.[59]

Die bei der Strategieentwicklung anzuwendende Methode muss die Bedingungen Klarheit, optimale Vereinfachung komplexer Zusammenhänge und unmittelbare Anwendbarkeit in der Praxis erfüllen. Ein interdisziplinäres Konzept, das diese Bedingungen erfüllt, ist das St. Gallener Management Modell, das von Hans Ulrich und Walter Krieg (1972/74) entwickelt wurde. Einen wichtigen Beitrag zur Weiterentwicklung des Modells hat Knut Bleicher in der zweiten Hälfte der Achtzigerjahre und anschießend mit kontinuierlichen Vertiefungen geleistet

---

[57] http://de.wikipedia.org/wiki/Strategie - 27.5.2006
[58] *Mintzberg, Henry, et al*: Strategy Safari, S. 23
[59] *Mintzberg, Henry, et al*: Strategy Safari, S. 26

(1991/1999). Das St. Gallener Management Modell verkörpert einen zentralen Meilenstein in der ganzheitlichen und integrierten Sichtweise von Management. Die Vorstellung von Unternehmen ist in diesem Modell im Wesentlichen von systemtheoretischen Grundvorstellungen geprägt, d. h. die Unternehmung wird im Modell als komplexes System begriffen. Das System besteht aus einer geordneten Anzahl von interagierenden und in spezifisch dynamischer Beziehung zueinander stehenden Elementen.[60]

Es ist insbesondere wirksam durch die Ausdifferenzierung in normatives, strategisches und operatives Management, sowie die deduktive und induktive Vorgehensweise bei der Umsetzung des Management Konzeptes.

- **Normative Orientierungsprozesse** dienen der Reflexion und Klärung der normativen Grundlagen der unternehmerischen Tätigkeit. Dazu kann z. B. die Erarbeitung grundlegender Verhaltensprinzipien für den Umgang mit den verschiedenen Anspruchsgruppen im Falle kontroverser Anliegen und Interessen oder für die Anwendung riskanter Technologien gehören. (Formulierung mittels Grundauftrag, Kernkompetenzen auf Basis einer Markt-, Wettbewerbs- und Unternehmensanalyse)

- **Strategische Entwicklungsprozesse** umfassen die Aufgabenfelder einer integrierten Strategie- und Veränderungsarbeit, die bei der Entwicklung einer tragfähigen Strategie und bei deren erfolgreicher Realisation in den betrieblichen Alltag zu leisten ist. (Formulierung mittels Vision, Strategischer Geschäftsfelder und Ziele)

- **Operative Führungsprozesse** beinhalten die Prozessführung der einzelnen Geschäfts- und Unterstützungsprozesse anhand von Führungskenngrößen. (Formulierung mittels definierten und ausformulierten Prozessen, Prozesskennzahlen und einer Leistungsmessung)

---

[60] *Rüegg-Stürm, Johannes*: Das neue St Gallener Management-Modell, S. 17

Der Strategieprozess eines Unternehmens braucht nach dem systemischen Verständnis einen deduktiven Handlungsrahmen, der Grundauftrag, Kernkompetenzen, Vision, Ziele, Strategien, Prozesse und Leistungskontrolle umfasst. Deduktiv heißt hierbei einen Veränderungsprozess zu organisieren, der hierarchisch und kaskadenartig von oben nach unten die Rahmenbedingungen festlegt, unter denen Entwicklung stattfinden soll.[61]

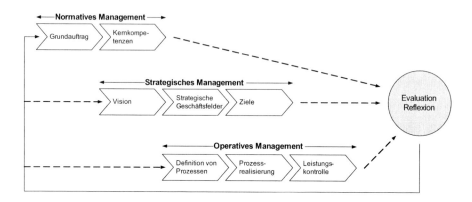

Abbildung 8 - Grafische Darstellung des Strategieprozesses

Parallel dazu muss eine induktive Vorgehensweise, ausgehend von selektiv wahrgenommenen Phänomenen aus Sicht der Mitarbeiter, einen Entwicklungsprozess von unten nach oben sicherstellen. Diese zweite wichtige Komponente zum Abgleich der formulierten Strategie mit der inneren Wirklichkeit des Unternehmens aus Sicht der Mitarbeiter wird in dem Abschnitt 4.8 Change Management und Organisationsentwicklung beschrieben.[62]

4.5 Wertorientiertes Management

Das Ziel des wertorientierten Managements ist die stetige Analyse, Beobachtung und Steigerung des Unternehmenswertes durch gezielte Maßnahmen, der Verbesserung z. B. der Eigenkapitalquote oder des Gewinns mit dem Ziel der Wertsteigerung aus Sicht der Kapitalgeber des Unternehmens.

---

[61] *Heinze, Roderich:* Keine Angst vor Veränderungen, S. 138
[62] *Venzin, Markus; Rasner, Carsten; Mahnke, Volker:* Der Strategieprozess, S. 8

Wertorientierte Unternehmensführung, im Angloamerikanischen Sprachgebrauch auch Value Based Management (VBM) genannt, zählt heute zu den zentralen Managementphilosophien. In diesem Sinne ist das Shareholder Value Prinzip mittlerweile als zentrale Leitlinie der Unternehmensführung verankert; aktuelle Studien zeigen, dass fast alle DAX 30 Unternehmen inzwischen zu einer wertorientierten Unternehmensführung übergegangen sind.[63] Um zu einem wertorientierten Kostenmanagement zu gelangen, sind Methoden heranzuziehen, welche die Auswirkungen von Managemententscheidungen auf die Zielgröße Unternehmenswert ermöglichen.[64]

Der Erfolg von Unternehmen wird dabei meist anhand von finanziellen Kennzahlen gemessen und bei den Eigentümern und Interessensgruppen kommuniziert. Ähnlich wie die Instrumente eines Flugzeugcockpits sind die Unternehmenskennzahlen jedoch nicht nur dazu da festzustellen, dass die Unternehmung eine mehr oder weniger positive Entwicklung gemacht hat. Kursabweichungen müssen frühzeitig erkannt, diskutiert und entsprechende Korrekturmaßnahmen eingeleitet werden.[65] Somit muss sich aus der Unternehmensbewertung ein Rückfluss auf die Unternehmensstrategie ergeben.

Demnach sind im Rahmen des wertorientierten Managements drei wesentliche Themenbereiche zu betrachten:

- Kennzahlen zur Beobachtung des finanziellen Erfolges

- Methoden zur Ermittlung des Unternehmenswertes

- Instrumente zur Steuerung des Unternehmenswertes

---

[63] *Vater, Hendrik et al:* Wertorientierte Unternehmensführung, S. 75

[64] *Weiß, Matthias:* Wertorientiertes Kostenmanagement, S 4

[65] *Venzin, Markus; Rasner, Carsten; Mahnke, Volker:* Der Strategieprozess, S. 24

Kennzahlen zur Beobachtung des finanziellen Erfolges eines Unternehmens

Kurzfristig kann der Unternehmenserfolg mit Hilfe von vier relativ einfach zu ermittelnden Kennzahlen beobachtet und entwickelt werden.

- „Ergebnis der gewöhnlichen Geschäftstätigkeit" als absolute Größe zur Beurteilung des wirtschaftlichen Erfolges und der Ertragslage eines Unternehmens

- „Umsatzrentabilität berechnet als Quotient aus Betriebsergebnis und Umsatz"

- „Eigenkapitalrentabilität" berechnet als Quotient aus Betriebsergebnis und Eigenkapital zur Berechung der Höhe der Verzinsung des Eigenkapitals eines Unternehmens

- „Cashflow" berechnet aus Umsatz und Kosten als finanzielle, zeitraumbezogene Größe des erwirtschafteten Finanzmittelüberschusses. Der Cashflow gibt an, wie viel Mittel zur Finanzierung von Investitionen, Tilgung von Fremdkapital und Ausschüttung von Gewinn in der betrachteten Periode zur Verfügung stehen.[66]

Die genannten Basiskennzahlen sind Maßzahlen für die Ertrags- und Finanzlage des Unternehmens und stellen besonders wichtige Voraussetzungen für das erfolgreiche Wirtschaften im Unternehmen dar.

Methoden zur Ermittlung des Unternehmenswertes

Ein wichtiges Instrument im Rahmen des wertorientierten Managements ist die regelmäßige Unternehmensbewertung. Der „faire Marktwert" (fair market value) wird dabei unter der Prämisse des „Unternehmensfortbestandes" (going concern) ermittelt. Zu unterscheiden sind zwei grundlegende Perspektiven bei der Unternehmensbewertung, die beide von der Situation des Unternehmensverkaufes ausgehen. Während für strategische Käufer (Marktbereinigung, Marktanteile) eine schon vorweg rechenbare Rendite nicht unbedingt im Mittelpunkt des Interesses

---

[66] *Bergauer, Anja:* Führen aus der Unternehmenskrise, S. 15

steht, ist für einen möglichen Finanzinvestor eine angemessene Rendite das vorrangige Ziel.[67]

Die heute in Deutschland gebräuchlichsten Methoden lassen sich in Ertragswert-, Discounted-Cashflow- und Multiplikatormethode, die allesamt ertragsorientiert sind, gruppieren. Die Substanzwertmethoden als eigenständige Methoden haben ausgedient und kommen nur noch in Sondersituationen neben den vorgenannten Methoden zum Einsatz.[68] In Abschnitt 6.2 Wertorientiertes Management werden die Methoden zur Ermittlung des Unternehmenswertes detaillierter vorgestellt.

Die Balanced Scorecard (BSC)
Mit der BSC wird ein individuelles Kennzahlensystem finanzieller und nicht-finanzieller Kennzahlen zur Leistungsmessung und -bewertung und zur Steuerung der strategisch relevanten Größen aufgebaut. In der Praxis wird die BSC mittlerweile als Führungsinstrument und Managementsystem, sowie als organisatorischer Rahmen für den gesamten Managementprozess gesehen.[69] Anders als bei traditionellen Finanzkennzahlensystemen, enthält die BSC neben monetären Kennzahlen auch Orientierungsgrößen zur Realisierung strategischer Ziele. Dabei versucht sie nicht die immateriellen Vermögenswerte der Organisation monetär zu bewerten, sondern misst die Vermögenswerte in von Währungseinheiten unabhängigen Größen.

Die vier Perspektiven der BSC sind die Finanzperspektive, die Kunden- bzw. Marktperspektive, die Interne Geschäftsprozessperspektive und die Entwicklungs-perspektive. Diese können extern und intern orientierte, kurz- und langfristige, quantitative und qualitative, vergangenheits- und zukunftsorientierte Größen umfassen. Diese Aspekte und deren ökonomisch sinnvolle Verknüpfung sind der Hintergrund für das „balanced" (= ausgewogen) im Namen der BSC. Zwischen den

---

[67] *Seiler, Karl:* Unternehmensbewertung, S. 16
[68] *Seiler, Karl:* Unternehmensbewertung, S. 29
[69] *Kaplan, Robert; Norton, David:* Balanced Scorecard, S. 184

einzelnen Perspektiven bestehen Ursache-Wirkungs-Beziehungen, die bei der Implementierung der BSC zu berücksichtigen sind.[70]

Die **Finanzperspektive** zeigt, ob und wie weit die Implementierung der Strategie zur Ergebnisverbesserung beiträgt. Ein bekanntes Beispiel für eine Kennzahl der Finanzperspektive ist der „Economic Value Added" (EVA).[71] Die Kennzahlen der Finanzperspektive erfüllen eine Doppelrolle:

Zum einen definieren sie die finanzielle Leistung, die von einer Strategie erwartet wird. Zum anderen bilden sie die Endziele für die anderen Perspektiven der BSC, wobei diese grundsätzlich über Kausalketten mit der Finanzperspektive verbunden sein sollen.[72]

In der **Kunden- bzw. Marktperspektive** spiegeln sich die strategischen Ziele des Unternehmens in Bezug auf die Kunden- und Marktsegmente wider, auf denen es konkurrieren möchte. Anders ausgedrückt, befasst sich diese Perspektive mit der Sicht des Kunden auf das Unternehmen. Kennzahlen-Beispiele sind hier Kundenzufriedenheit, Kundentreue, Neukundenakquisition und Marktanteil.[73]

In der **Internen Geschäftsprozess-Perspektive** werden die wesentlichen Prozesse abgebildet, die für die Erreichung der Ziele der ersten beiden Perspektiven von herausragender Bedeutung sind. Dies ist zu allererst die Darstellung der betrieblichen Wertschöpfung vom Einkauf, über die Fertigung bis hin zum Absatz. Weiterhin sollte der sog. Innovationsprozess eingebunden sein, der die Identifikation und Umsetzung von Kundenwünschen widerspiegelt. Als Beispiele seien hier Durchlaufzeiten und der Umsetzungsgrad identifizierter Kundenwünsche genannt.[74]

---

[70] *Wöhe, Günther:* Einführung in die allg. Betriebswirtschaftslehre, S. 219
[71] *Schabel, Matthias M.:* Economic Value Added, S. 34
[72] *Weber, Jürgen, Schäffer, Utz:* Balanced Scorecard & Controlling, S. 3f.
[73] *Friedag, Herweg R.; Schmidt, Walter:* Balanced Scorecard, S. 113
[74] *Friedag, Herweg R.; Schmidt, Walter:* Balanced Scorecard, S. 135

Die **Entwicklungsperspektive**, auch Mitarbeiterperspektive genannt, ist wegen ihrer langfristigen Wirkung von besonderer Bedeutung für alle Unternehmen. Sie beschreibt die für die Erreichung der Ziele der ersten drei Perspektiven notwendige Infrastruktur. Inhalt ist das Mitarbeiterpotenzial, das für die Verbesserung der unternehmensbezogenen Effizienz unerlässlich ist. Als Beispiele für diese Perspektive können genannt werden: Fort- und Weiterbildung, Motivation der Mitarbeiter und technologische Infrastruktur.[75]

---

[75] *Friedag, Herweg R.; Schmidt, Walter:* Balanced Scorecard, S. 163

4.6 Marktorientiertes Management (Marketing & Vertrieb)

Unternehmen müssen profitable Produkt-Markt-Kombinationen erkennen, relevante Märkte identifizieren und die in ihnen wirkenden Marktkräfte verstehen, um Möglichkeiten und Trends der Gewinnerzielung zu entdecken und zu nutzen. Hierzu ist es notwendig, zunächst eine Marktanalyse durchzuführen und daraus geeignete Marktbearbeitungsstrategien abzuleiten. Um nachhaltig Erfolge am Markt zu erzielen, hat die Kundenintegration einen wichtigen Stellenwert erlangt.[76]

In der Marktanalyse werden auf Basis des Grundauftrages, der Kernkompetenzen und der Unternehmensvision die Marktsegmente definiert und segmentübergreifende generelle Marktentwicklungen wie politische, ökonomische, soziale und technologische Entwicklungen identifiziert. Die Marktteilnehmer, d. h. Kunden, Wettbewerber, Lieferanten und mögliche Substitutions- oder Komplementärprodukte werden analysiert. Auf Basis dieser Daten werden mögliche Entwicklungen und Trends prognostiziert und geeignete Marktbearbeitungsstrategien abgeleitet.[77]

Marktanalyse

Eine hohe Wertsteigerung eines Unternehmens ist nur bei großem Marktpotenzial zu erwarten. Marktvolumen und Marktpotenzial können abgeschätzt werden

- auf sekundärstatistischem Weg (Desk Research, d. h. Rückgriff auf Material, das von diversen Institutionen wie Statistischen Ämtern, Kammern, Verbänden und Beratungsstellen zur Verfügung gestellt wird) und

- auf primärstatistischem Weg (Field Research d. h. Befragung, Beobachtung und Registrierung von Ereignissen).

---

[76] *Gunner, Kjell; Homburg, Christian*: Innovationserfolg durch Kundeneinbindung, S. 119 - 142
[77] *Venzin, Markus; Rasner, Carsten; Mahnke, Volker*: Der Strategieprozess, S. 63

Den Markt, auf dem ein Unternehmen aktiv ist, sollte es nach qualitativen und quantitativen Gesichtspunkten durch eine Marktanalyse möglichst gut kennen. Hierzu dienen:

- Einschätzung/Messung des Marktvolumens (Größe, Wachstum)
- Art der Nachfrage nach einem Produkte (junger/etablierter/gesättigter Markt)
- Kundenstruktur des Marktes (Bedürfnisse, Kaufmotive, Markttrends)

Im Allgemeinen bildet der Markt keine homogene Einheit, sondern die einzelnen Abnehmer weisen Unterschiede auf. Somit sind für die Produkte geeignete Ziel-Kundensegmente zu identifizieren. Die Segmentierung, d. h. die Aufteilung des Marktes hinsichtlich nachfragerelevanter Merkmale, geschieht nach geografischen, demografischen, sozialpsychologischen und verhaltensbezogenen Merkmalen.[78]

Marktorientiertes Management muss somit ausgehend von der Unternehmensstrategie eine detaillierte Analyse der Ist-Situation vornehmen und die sich daraus ergebenden Handlungsempfehlungen erkennen. Die folgenden Instrumente sollten für diese Analyse genutzt werden. Sie sind unter Abschnitt 6.3 Marktorientiertes Management näher beschrieben:

Instrument	Beschreibung/Aussage
Lebenszyklusanalyse	Beschreibung der Phasen der Marktteilnahme eines Produktes oder einer Dienstleistung
Ansoff-Matrix	Bewertung der Produkt-/Marktkombination
Neun-Felder-Portfolio nach McKinsey	Analyse der Marktattraktivität und des Marktwachstums

---

[78] *Hopfenbeck, Waldemar:* Allgemeine Betriebswirtschafts- und Managementlehre, S. 179

Instrument	Beschreibung/Aussage
Produktlebenszyklusanalyse nach Arthur D. Little	Auswertung der Marktposition im Vergleich zum Produktlebenszyklus
BCG Portfolio	Betrachtung des Umsatzwachstums im Vergleich zum Marktanteil

Tabelle 8 - Instrumente zur Marktanalyse von Strategischen Geschäftsfeldern

Jedes der Instrumente gibt in der Auswertung strategische Handlungsempfehlungen für die strategischen Geschäftsfelder des Unternehmens. Diese dienen als Basis für die Erstellung einer geeigneten und wirksamen Marktbearbeitungsstrategie.

Marktbearbeitungsstrategien
Für die Verbreitung der Produkte und Dienstleistungen ist ein Marketingkonzept zu erstellen. Der allgemeine Orientierungsrahmen sind die vier klassischen absatzpolitischen Instrumente:

- Preis-/Kontrahierungspolitik
- Produktpolitik
- Kommunikationspolitik
- Vertriebs-/Distributionspolitik

Preis-/Kontrahierungspolitik
Der Preis eines Produktes ist oft ein entscheidendes Kriterium für dessen Erfolg auf dem Markt. Der Preis wird in der Regel nicht durch die eigenen Kosten, d. h. durch Kalkulation bestimmt, sondern durch einen bereits etablierten Marktpreis vorgegeben. Entscheidend für jede Kaufentscheidung wird der durch das Produkt für den Kunden wahrgenommenen Nutzen sein.

Produktpolitik
Hierunter versteht man die Stärken und Verbesserungsmöglichkeiten sowohl des eigenen Produktes, wie auch die der Wettbewerbsprodukte. Die Produktqualität, d. h. Produktdesign und -eigenschaften, werden zur Erfüllung eines Grundnutzens und eines möglichen Zusatznutzens festgelegt.

Kommunikationspolitik

Innerhalb der Kommunikationspolitik eines Unternehmens bieten sich eine Vielzahl Maßnahmen mit unterschiedlicher Wirkungsweise an:

- Klassische Werbung (Fachzeitschriften, Zeitungen, Rundfunk, etc.)
- Public Relations (Tag der offenen Tür, Pressemitteilungen etc.)
- Corporate Identity (Firmenlogo, Briefpapier, Visitenkarten etc.)
- Verkaufsförderung (Point of Sale Aktivitäten, Demos, Gratisproben etc.)
- Direktmarketing (Mailing, Telefonanrufe etc.)
- Sponsoring (Sport-, Kultur-, Öko-, Sozialsponsoring etc.)
- Internet (Website, E-mail-Marketing etc.)

Vertriebs-/Distributionspolitik

Die Festlegung der Absatzwege von Produkten und Dienstleistungen ist eine strategische Entscheidung, da sich ein Vertriebsnetz nicht innerhalb kurzer Zeit aufbauen lässt. Hier wird festgelegt, mit welchen Absatzmittlern, d. h. Handelsvertretern, Groß-/Einzelhändlern, Transportunternehmern und Lagerbetrieben zusammengearbeitet wird. Grundsätzlich wird zwischen direktem (d. h. direkter Vertrieb an den Endkunden; oft im Spezial- und Großkundengeschäft, Investitionsgüter) und indirektem Vertrieb (d. h. Einschaltung von Zwischenhändlern, Groß- und Einzelhändler im Konsumgüterbereich) unterschieden.[79]

---

[79] *Hopfenbeck, Waldemar:* Allgemeine Betriebswirtschafts- und Managementlehre, S. 181

4.7 Personalmanagement (Human Ressources Management)

Ausgangspunkt für alle Fragen des Personalmanagements bildet der Personalbedarf. Ausgehend von dem Bedarf wird Personal beschafft und im Weiteren entsprechend den Anforderungen entwickelt und ggf. wieder freigesetzt. Fragen des Personaleinsatzes betreffen die Gestaltung der Arbeitsinhalte und der Arbeitsplätze sowie der Arbeitszeiten. Ein weiteres Thema ist die Personalentlohnung mit den Fragen nach der Entgeltform und Entgelthöhe. Eine geeignete und zielführende Personalführung entscheidet letztlich über den Erfolg oder Misserfolg des Personalmanagements.

Personalbedarfsplanung

Die Personalbedarfsplanung dient der Sicherstellung des erforderlichen Soll-Personalbestandes. Ergibt sich aus dem Vergleich mit dem Ist-Personalbestand ein Personalbedarf, so greift die Personalbeschaffung. Hierbei werden die verschiedenen Dimensionen des Personalbedarfs unterschieden:

- Anzahl der benötigten Mitarbeiter (quantitativer Bedarf)
- Qualifikation der benötigten Mitarbeiter (qualitativer Bedarf)
- Zeitpunkt und Dauer der benötigten Mitarbeiter (zeitliche Dimension)
- Ort, an dem die Mitarbeiter benötigt werden (räumliche Dimension)

Bedeutung haben jedoch nur die ersten beiden Faktoren, da die beiden anderen Dimensionen als Nebenbedingungen eingehen.[80]

Personalbeschaffung

Der durch die Personalbedarfsplanung ermittelte Netto-Personalbedarf in quantitativer, qualitativer, zeitlicher und räumlicher Hinsicht bildet den Ausgangspunkt der Personalbeschaffung. Im Rahmen der Personalwerbung wird entschieden, wie und wo ein benötigter Mitarbeiter beschafft werden soll. Die Bewerberauswahl behandelt die Identifikation und Auswahl der richtigen Mitarbeiter.

---

[80] *Holtbrügge, Dirk:* Personalmanagement, S. 74

Die Bedeutung der Tätigkeiten hängt von der Arbeitsmarktlage ab. Eine dritte Teilaufgabe ist die Personaleinstellung.

Personalentwicklung

Gegenstand der Personalentwicklung bilden alle planmäßigen und zielgerichteten Maßnahmen der Aus- und Weiterbildung, die der individuellen beruflichen Förderung und Entwicklung der Mitarbeiter dienen und diesen unter Beachtung der persönlichen Interessen und Bedürfnisse die zur Wahrnehmung ihrer gegenwärtigen und zukünftigen Aufgaben notwendigen Qualifikationen vermitteln.[81] Die Personalentwicklung beinhaltet sowohl die Vermittlung, Erweiterung und Vertiefung von Fachwissen, Fähigkeiten und Einstellungen als auch deren Umsetzung in Verhalten. Dabei umfasst die Personalentwicklung Mitarbeiter aller Hierarchiestufen.

Personaleinsatz

Die Grundlage für die Gestaltung von Arbeitsinhalten bildet die Gesamtaufgabe eines Unternehmens bzw. einer Abteilung. Diese kann grundsätzlich nach qualitativen oder quantitativen Gesichtspunkten in Teilaufgaben gegliedert werden. Das Ziel dieser Aufgabenteilung ist die effiziente Bildung von Stellen. Derzeit verlieren jedoch aufgrund der Nachfrage nach individuellen Gütern und Dienstleistungen sowie sich schnell ändernder Marktanforderungen die Vorteile der Spezialisierung an Gewicht. In vielen Unternehmen und Branchen ist derzeit ein eher abnehmender Spezialisierungsgrad zu beobachten, der sowohl durch individuumsorientierte als auch gruppenorientierte Instrumente der Aufgabenteilung realisiert werden kann. Weiterhin sind die Gestaltung des Arbeitsplatzes, d. h. die zur Verfügung stehenden Arbeitsmittel, die Arbeitsumgebung und der Arbeitsort zu betrachten. Die Arbeitszeit, d. h. Länge, Lage und die Arbeitspausen, beeinflussen die Arbeitszufriedenheit der Mitarbeiter.[82]

Personalentlohnung

Unter Personalentlohnung wird die Gestaltung aller materiellen Anreize verstanden, die eine Unternehmung ihren Mitarbeitern als Ausgleich für die von diesen

---

[81] *Holtbrügge, Dirk:* Personalmanagement, S. 102
[82] *Holtbrügge, Dirk:* Personalmanagement, S. 119

geleisteten Beiträge gewährt. Um die gewünschte Anreizwirkung zu erzielen, muss sich das Unternehmen über die Kriterien zur Entgeltdifferenzierung (z. B. Leistung, Qualifikation), die Wahl der Entgeltform (monetär, nicht monetär) und die Entgelthöhe (direkte Personalkosten) Gedanken machen.[83]

Personalführung

Personalführung beinhaltet die unmittelbare Kommunikation und Interaktion zwischen Führungskräften und den ihnen unterstellten Mitarbeitern. Grundsätze der Personalführung lassen sich nach dem St. Gallener Management-Modell für das Führen von Organisationen und Organisationseinheiten wie folgt ableiten. Sie regeln als Fundament der Professionalität, wie Führungswerkzeuge eingesetzt und Führungsaufgaben erledigt werden und sind im Abschnitt 6.4.6 Personalführung näher erläutert.

- Resultat-Orientierung
- Beitrag zum Ganzen
- Auf Wesentliches konzentrieren
- Vorhandene Stärken nutzen
- Gegenseitiges Vertrauen
- Positiv oder konstruktiv denken[84]

4.8 Change Management und Organisationsentwicklung

Die Notwendigkeit, Veränderungsprozesse im Unternehmen anzugehen, ist im Rahmen der Beschreibung typischer Probleme von KMU und Familienunternehmen ausführlich erläutert worden. Die sich ableitende Herausforderungen sind:

- schnellere und wirtschaftlichere Bewältigung
- einer zunehmenden Vielfalt
- sich rasch ändernder Aufgaben.

---

[83] *Holtbrügge, Dirk:* Personalmanagement, S. 145

[84] *Malik, Friedmund*: Führen, Leisten, Leben, S. 65 ff.

Flexibilität wird zum entscheidenden Wettbewerbsvorteil in einem sich schnell ändernden Umfeld. Die Handlungsfelder sind:

- Nähe zum Markt und zu den Kunden
- Rasche Reaktionsfähigkeit und Flexibilität
- Steigerung der Produktivität und Qualität
- Optimierung der Kosten

Somit ergibt sich für die Unternehmen die Herausforderung, möglichst flache Hierarchien, hohe Selbständigkeit, hohe Vielfalt unterschiedlicher Organisationsformen und eine Gesamtsteuerung mittels Zielen und Strategien umzusetzen. Unternehmen sind eher als Netzwerke autonomer Einheiten zu betrachten.[85] Der in Abschnitt 4.4 Strategisches Management beschriebene Ansatz erläutert den deduktiven Anteil der Unternehmensstrategie, d. h. die normativen und strategischen Ansatzpunkte zur Unternehmensentwicklung.

Die operativen Managementvorgaben, d. h. die induktive Ebene des Umsetzungsmodells, betrifft die Veränderung auf der Ebene der Prozesse, d. h. Funktionen und Abläufe in einer Organisation. Es sind von diesen Maßnahmen immer Menschen mit ihren spezifischen Einstellungen, Sorgen und Wünschen betroffen. Change Management und Organisationsentwicklung sind umfassende, die ganze Organisation betreffende Prozesse, die auf der einen Seite eine Humanisierung der Arbeitswelt, um mehr Raum für Persönlichkeitsentfaltung und Selbstverwirklichung anzustreben, und auf der anderen Seite eine Erhöhung der Leistungsfähigkeit einer Organisation, mehr Flexibilität, Veränderungsbereitschaft und Innovationsfähigkeit bewirken.[86]

Transformative Veränderungen stellen in der Regel alle Beteiligten vor völlig neuartige, oft einmalige Probleme, die sie noch nie erlebt haben. Die Ziele und Wege der Veränderungsprozesse sind meist nicht nachvollziehbar, da sie von Außen induziert werden. Um nicht das Opfer solcher Prozesse zu werden, müssen die

---

[85] *Doppler, Klaus; Lauterburg, Christoph:* Change Management, S. 54
[86] http://de.wikipedia.org/wiki/Organisationsentwicklung. 5.7.2006

Notwendigkeit und Dringlichkeit des Wandels und der proaktiven Anpassung allen Beteiligten klar sein. Die Opponenten und Bedenkenträger müssen überwunden werden.[87]

Veränderungsprozesse werden kaskadenartig über die einzelnen Hierarchieebenen der Unternehmen von der Geschäftsführung bis auf die Ebene der Mitarbeiter heruntergebrochen.
Sie beinhalten dabei eine sich wiederholende Abfolge von Interventionen:

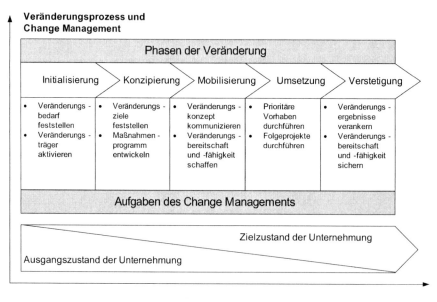

Abbildung 9 - Design von Veränderungsprozessen[88]

In der Phase der Initialisierung müssen der Veränderungsbedarf festgestellt und die Veränderungsträger aktiviert werden. Es kommt darauf an, die Notwendigkeit der Veränderung allen Betroffenen nahe zu bringen und Promotoren, Opponenten und Unentschiedene zu identifizieren und zu beeinflussen.

---

[87] *Krüger, Wilfried:* Excellence in Change, S. 48
[88] *Krüger, Wilfried:* Excellence in Change, S. 49

Die Konzeptionierung dient dazu, die Veränderungsziele festzulegen und die Maßnahmenprogramme zu entwickeln. Die Veränderungsziele müssen von den Betroffenen möglichst klar und eindeutig festgelegt und in Maßnahmenprogrammen operationalisiert werden.

Die Phase der Mobilisierung beinhaltet die Kommunikation mit allen Betroffenen über die durchzuführenden Veränderungen und die dadurch entstehenden Konsequenzen. Ziel ist es, eine Veränderungsbereitschaft und Veränderungsfähigkeit zu schaffen.

In der Umsetzungsphase geht es um das zügige Umsetzen und Erreichen von kurzfristigen Erfolgen zur Schaffung von Motivation. Die Projekte werden nach festgelegten Prioritäten umgesetzt.

In der Phase der Verstetigung geht die Verantwortung für die veränderten Prozesse in die Hände der betroffenen Mitarbeiter und Führungskräfte über. Es ist nun besonders wichtig darauf zu achten, dass der neue Zustand beibehalten wird und in das Tagesgeschäft verankert wird. Die erworbenen Fähigkeiten und Erkenntnisse über den Veränderungsprozess sollten in den täglichen Geschäftsprozess integriert werden. Der vollzogene Wandel sollte im Sinne eines kontinuierlichen Verbesserungsprozesses im Kleinen beibehalten werden.[89]

4.9 Prozessmanagement

Die Orientierung von Unternehmen an der effizienten Ausgestaltung von Einzelfunktionen hat in der Vergangenheit zur lokalen Optimierung einzelner Funktionsbereiche geführt. Dadurch trat der Gesamtzusammenhang der betrieblichen Funktionen jedoch in den Hintergrund und die Kosten stiegen für die Koordination der einzelnen Funktionsbereiche.[90]

Prozessmanagement hat zum Ziel, alle Geschäftsprozesse auf Effektivität und Effizienz zu prüfen, d. h. nachhaltige Vermeidung von Verschwendung in allen

---

[89] *Krüger, Wilfried:* Excellence in Change, S. 59
[90] *Becker, Jörg; Kugeler, Martin; Rosemann, Michael:* Prozessmanagement, S. 2

Unternehmensprozessen. Es gilt, Unternehmensprozesse übergreifend als Prozesskette und -netzwerke zu verstehen und zu optimieren. Dabei stehen die Ablauforganisation, also das Durchführen von Aufgaben, aber auch zeitliche und räumliche Aspekte im Mittelpunkt der Betrachtung.

Produktions- und Logistikprozesse sind in den letzten Jahren in Unternehmen mit überraschenden Quantensprüngen in der Leistungsfähigkeit durch konsequente Optimierung oder völlige Neugestaltung mittels Prozessmanagement verbessert worden. [91]

Die Analyse aller Prozesse beginnt zunächst mit der Erstellung einer Prozesslandschaft und eines Prozessnetzwerkes. Ausgehend von dieser Prozesslandschaft werden die einzelnen Unternehmensprozesse detailliert untersucht.

Das Ziel der Prozessoptimierung ist die Erhöhung des Durchsatzes bei gleichzeitiger Senkung der Kosten und der Lagerbestände. Durch diese Maßnahmen wird die Produktivität des Unternehmens nachhaltig verbessert.

Die Vorgehensweise zur Prozessoptimierung ist im Folgenden grob aufgelistet:

1. Ist-Analyse der Prozesse
    - Erstellung einer/s Prozesslandschaft/-netzwerkes
    - Aufnahme aller Prozesse in Ablaufdiagrammen
    - Erstellung einer Input/Output-Analyse
    - Definition geeigneter Prozesskennzahlen
    - Durchführung einer Verschwendungsanalyse, Stoff- und Wertstromanalyse
    - Rüstzeitanalyse

2. Soll-Modellierung und Prozessoptimierung
    - Bereinigung Produktprogramm
    - Standardisierung/Vereinfachung

---

[91] *Riekhoff, Hans-Christian.* Beschleunigung von Geschäftsprozessen, S. 14

- Warehouse Produktionskonzept (ziehende Fertigung)
- Produktionsplanung und -steuerung
- Flussoptimierung in der Fertigung

3. Umsetzung/Einführung der Prozesse – Prozess-Roll-out
    - Umsetzung der Verbesserungsmaßnahmen
    - Optimierung der Prozessabläufe
    - Beteiligung aller Mitarbeiter

4. Kontinuierliches Prozessmanagement[92]
    - Durchführung von Kaizen-Aktivitäten in der Produktion
    - Verbesserungsworkshops unter Beteiligung aller Mitarbeiter

---

[92] *Becker, Jörg; Kugeler, Martin; Rosemann, Michael:* Prozessmanagement, S. 13

5 Die Umsetzung des Fitnessprogramms

5.1 Struktur der Arbeitsschritte

In der folgenden Abbildung ist das Konzept des Fitnessprogramms dargestellt.

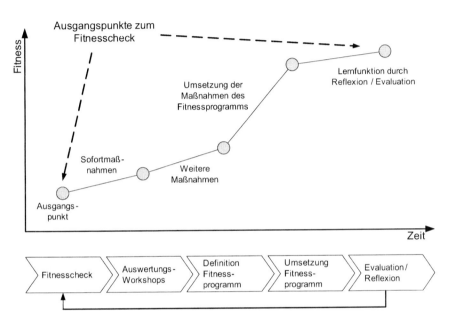

Abbildung 10 - Konzept des Fitnessprogramms

Schon in der ersten Analysephase werden in der Regel Sofortmaßnahmen vom Management festgelegt und umgesetzt. Im Weiteren wird der Handlungsbedarf konkretisiert und in Form von Maßnahmen, Aktivitäten und größeren Projekten als Fitnessprogramm ausformuliert.

Fitnesscheck - Analyse bzw. Diagnose des Ist-Zustandes

Die Checkliste zur Bestandsaufnahme der Unternehmenspotenziale besteht aus sechs Themen, die Schritt für Schritt in Workshops und Interviews von Geschäftsführung, Mitarbeitern in Anleitung eines Beraters durchgearbeitet werden. Die Checkliste kann als ein integriertes Konzept-, Modell- und Methodentableau beschrieben werden, mit dem in vergleichsweise kurzer Zeit alle zukunftsrelevanten Potenziale des komplexen Systems Unternehmen zu erfassen und zu bewerten sind.

Auswertung Fitnesscheck - Formulierung von geeigneten Hypothesen

Vorstellung der Interviewergebnisse in der Organisation und Diskussion der erhobenen Daten. Festlegung der für die Organisation wichtigen und drängenden Themen und der Themenbereiche, die nachhaltigen Erfolg versprechen.

Definition des Fitnessprogramms - Definition von Interventionen

Nach der Priorisierung werden konkrete Projekte, Teilprojekte und Arbeitspakete definiert. Hierbei ist es wichtig, die von Veränderungen Betroffenen einzubinden und somit die Akzeptanz der Maßnahmen sicherzustellen.

Umsetzung des Fitnessprogramms - Umsetzung der Interventionen

Die Verantwortung für die Umsetzung der einzelnen Maßnahmen liegt in der Regel bei einzelnen Mitarbeitern im Unternehmen. Die Aufgabe des Projektleiters beschränkt sich häufig auf das Projektmanagement in Kombination mit fachlicher und methodischer Unterstützung.

Erfolgsbeurteilung des Fitnessprogramms - Evaluation/Reflexion

Durch systematische und zeitnahe Evaluation und Reflexion der durchgeführten Maßnahmen wird der Erfolg festgestellt. Somit kann bezogen auf einzelne Maßnahme schnell korrigierend eingegriffen werden.

5.2 Visualisierung der Ergebnisse des Fitnesschecks

Das Ergebnis des Fitnesschecks wird in einem Netzdiagramm dargestellt. Die einfach zu verstehende Visualisierung des Ergebnisses ist wichtig für die weitere Ableitung von Verbesserungsmaßnahmen. Die vorgenannten und beschriebenen Handlungsfelder werden im Rahmen des Fitnesschecks detailliert geprüft und ausgewertet. Das Ergebnis wird in einem Netzdiagramm dargestellt:

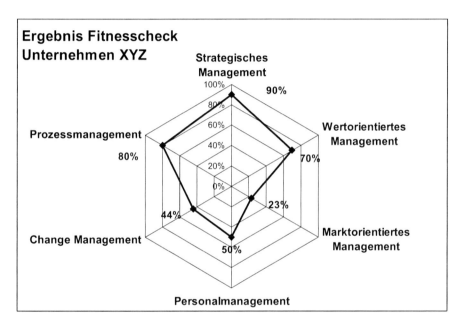

Abbildung 11 - Ergebnis Fitnesscheck Unternehmen XYZ

In dem Netzdiagramm können erfolgskritische Stärken und Schwächen des Unternehmens abgelesen werden. In dem dargestellten Beispiel ergeben sich als Stärken die Themen Prozessmanagement, Strategisches Management und Wertorientiertes Management. Als Schwächen sind das Marktorientierte Management, Personalmanagement und Change Management abzulesen.

Ausgehend von diesem Ergebnis können wirksame Maßnahmen zur Verbesserung der Schwachpunkte festgelegt werden.

Um dem Unternehmen eine möglichst große Vergleichbarkeit mit anderen Unternehmen zu ermöglichen, wird die unternehmensindividuelle Bewertung mit der Durchschnittsbewertung (KMU, Branche, etc.) verglichen:

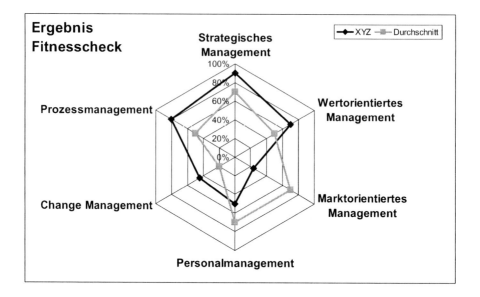

Abbildung 12 - Ergebnis Fitnesscheck – Vergleich mit Durchschnitt

Aus dem Vergleich mit dem Durchschnitt können Handlungsbedarfe abgeleitet werden. Als Ergebnis des oben dargestellten Beispiels kann abgeleitet werden, dass die Themen Prozessmanagement, Strategisches Management, Wertorientiertes Management und Change Management sowohl absolut als auch relativ besser bewertet wurden als der Durchschnitt der Unternehmen.

Dringender Handlungsbedarf ergibt sich bei den Themen Personalmanagement und Marktorientiertes Management, da hier der Durchschnitt der Unternehmen besser bewertet wurde.

Somit lassen sich durch die Analyse die erfolgskritischen Handlungsfelder auf schnelle und einfache Art und Weise identifizieren und die definierten Maßnahmen priorisieren.

5.3 Projektplan zum Fitnessprogramm

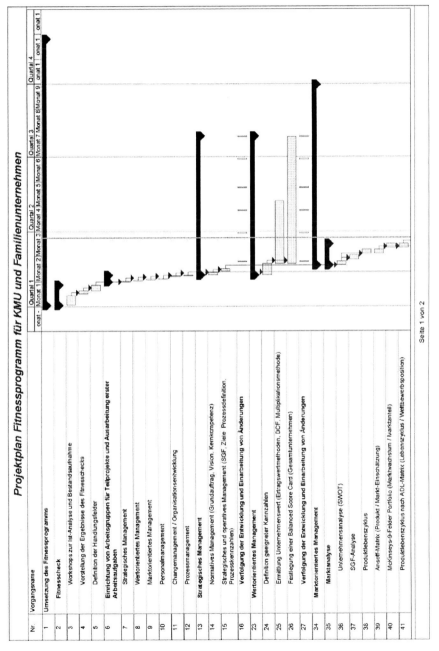

Abbildung 13 - Projektplan zum Fitnessprogramm Seite 1 von 2

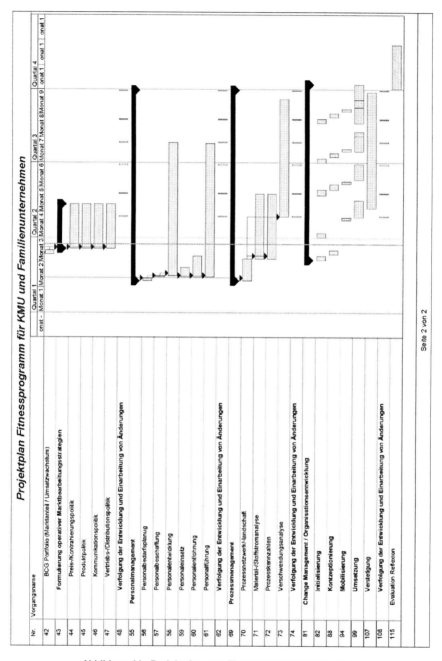

Abbildung 14 - Projektplan zum Fitnessprogramm Seite 2 von 2

In Abbildung und Abbildung ist beispielhaft ein Projektplan zur Umsetzung des Fitnessprogramms in einem KMU oder Familienunternehmen dargestellt. Zunächst wird gemeinsam mit den Führungskräften ein Fitnesscheck durchgeführt. In dieser Ist-Analyse und Bestandsaufnahme werden Stärken und Schwächen des Unternehmens offen gelegt. Die Ergebnisse werden in einem gemeinsamen Workshop ausgewertet. Die Führungskräfte legen die wesentlichen Handlungsfelder und Prioritäten für deren Bearbeitung fest. Bei der Planung des beispielhaften Projektes wurde davon ausgegangen, dass alle sechs Themen des Fitnessprogramms im Unternehmen bearbeitet werden sollen.

Im zweiten Arbeitsschritt werden die Mitarbeiter in die Bearbeitung einbezogen. Die Ergebnisse des Fitnesschecks werden den Mitarbeitern zusammen mit den festgelegten Handlungsfeldern und Prioritäten vorgestellt. Gleichzeitig werden Arbeitsgruppen für die verschiedenen Teilprojekte und Handlungsfelder eingerichtet, die Arbeitsaufträge zur Umsetzung des Fitnessprogramms diskutiert und die Vorgehensweise in den Teilprojekten mit den Mitarbeitern abgestimmt.

Als erste Umsetzungsmaßnahmen werden mit der Führungsebene des Unternehmens Workshops zum strategischen Management durchgeführt; d. h. die Erarbeitung von Grundauftrag, Kernkompetenzen, Vision, Strategische Geschäftsfeldern und den sich daraus ergebenden Zielen. Diese dienen in ihren Aussagen zur Orientierung für die weiteren Teilprojekte für die Handlungsfelder des Fitnessprogramms. Weiterhin wird das Teilprojekt Wertorientiertes Management möglichst früh im Projekt durchgeführt, da mittels der erarbeiteten Kennzahlen die erzielten Erfolge unmittelbar visualisiert werden können.

Im zweiten Arbeitsmonat beginnen die Teilprojekte mit der Realisierung der Teilprojektaufträge. Konkret bedeutet dies, die Arbeit von Arbeitsgruppen zum Marktorientierten Management, Personalmanagement und Prozessmanagement in allen Bereichen des Unternehmens.

Ein parallel durchgeführter Change Management/Organisationsentwicklungsprozess stellt die Beteiligung aller Mitarbeiter und somit die nachhaltige Umsetzung des Projektes sicher.

Jedes Teilprojekt überwacht die Umsetzung, verfolgt die Entwicklungen und integriert die resultierenden Änderungen.

5.4 Projektorganisation zum Fitnessprogramm

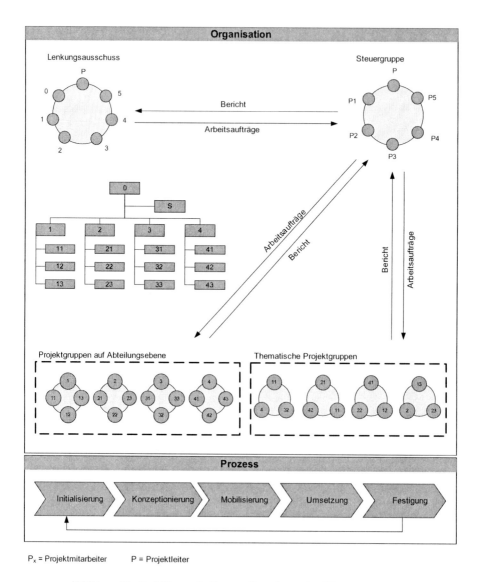

Abbildung 15 - Projektorganisation zur Umsetzung des Fitnessprogramms

In Abbildung 15 - Projektorganisation zur Umsetzung des Fitnessprogramms ist die Projekt- und Prozessorganisation des Projektes abgebildet. Im Unternehmen wird mit den Führungskräften und der Projektleitung ein Lenkungsausschuss gebildet. Die Aufgaben des Lenkungsausschusses sind

- Genehmigung der Planung zur Umsetzung des Fitnessprogramms
- Bereitstellung der nötigen Ressourcen
- Unterstützung des Projektleiters bei der Durchführung des Fitnessprogramms
- Abnahme der Statusberichte
- Treffen von Entscheidungen zum Projektverlauf

Die Steuergruppe im Projekt ist besetzt mit der Projektleitung und den Teilprojektleitern. Hier werden die Arbeitsaufträge aus dem Lenkungsausschuss bearbeitet und in den Teilprojekten umgesetzt. Neben den abteilungsbezogenen Projektgruppen werden übergreifende Arbeitsgruppen gebildet, die interdisziplinär zusammengesetzt sind. Die Projektgruppenleiter sind Mitglied der Steuergruppe und berichten dort über den Fortschritt der bearbeiteten Aufgaben und erhalten in der Steuergruppe ihre Arbeitsaufträge. Dabei werden Arbeitsaufträge deduktiv, d. h. top-down, vorgegeben aber auch induktiv, d. h. bottom-up, erzeugt. Formulierung von Arbeitsaufträgen, die Projektorganisation sowie die Projektdokumentation soll nach Prinzipien des Projektmanagements durchgeführt werden.

Auf diese Art und Weise wird eine Vielzahl von Mitarbeitern an den Veränderungsprozessen beteiligt. Die Etablierung dieser Arbeitsform im Unternehmen erhöht die Flexibilität bzgl. der Reaktion auf Veränderungen im Umfeld.

5.5 Fitnessprogramm in Workshops

	Workshop I „Fitnesscheck"	Workshop II „Auswertung"	Workshop III „Fitnessprogramm"
Ziel:	die Unternehmenspotenziale einschätzen	die Unternehmenspotenziale darstellen	die Umsetzung einleiten
Ablauf:	die Stärken und Schwächen des Unternehmens mit Hilfe des Fitnesschecks feststellen	auf der Grundlage der Bestandsaufnahme die Verbesserungserfordernisse ableiten	die Führungskräfte über Fitnesscheck und die Auswertung informieren; die Ergebnisse gemeinsam überprüfen und Maßnahmen festlegen
Ergebnis:	<ul><li>Komplexe betriebliche Abläufe mit Stärken und Schwächen sind erkannt und bewertet</li><li>die Ergebnisse sind dokumentiert und visualisiert</li></ul>	<ul><li>Das Ergebnis des Fitnesschecks ist ausgewertet und die Verbesserungserfordernisse sind festgehalten</li><li>die Ergebnisse sind dokumentiert und visualisiert</li></ul>	<ul><li>die Schlüsselmitarbeiter sind informiert und zu Akteuren des Geschehens geworden</li><li>kritische Maßnahmen, Verantwortlichkeiten und Zeitfenster sind bestimmt und dokumentiert.</li></ul>
Dauer:	1 Tag	1 Tag	1 Tag
Beteiligte:	Geschäftsführung/-Mitarbeiter/Berater	Geschäftsführung/-Führungskräfte/Berater	Geschäftsführung/-Führungskräfte/Berater

Tabelle 9 - Fitnessprogramm in Workshops

Die Abbildung verdeutlicht die Ziele, die Inhalte, das Ergebnis, die Dauer und die Beteiligten jeder einzelnen Stufe sowie deren Abfolge. Das Fitnessprogramm setzt die Vorgabe der Lösungsorientierung konsequent um. Der Prozess der Stärken-Schwächen-Analyse, die Erarbeitung des Fitnessprogramms, die Bestimmung von Verbesserungsbereichen, die Festlegung und Initiierung von Maßnahmen einschließlich der Beteiligung von Schlüsselmitarbeitern wird in drei Workshoptagen erreicht.

Da jede Stufe mit einem brauchbaren, konkreten Ergebnis abschließt, können Unternehmen nach Bedarf eine, zwei oder alle drei Stufen wählen.

Workshop I und II: „Fitnesscheck und Auswertung"

Angesichts der meist knappen Ressourcen und der in der Regel herausragenden Rolle des Unternehmers in KMU, ist bei den ersten zwei Workshops die Geschäftsführung und einzelne weitere Mitarbeiter einbezogen – dies sind erfahrungsgemäß zumeist ein bis zwei Leitungspersonen und einzelne Mitarbeiter aus operativen Bereichen.

Aufgabe des Workshop I – „Fitnesscheck" ist eine leitfadenorientierte Bestandsaufnahme der internen und externen Gegebenheiten des Unternehmens. Die zentralen Ergebnisse werden ausgearbeitet, im Leitfaden dokumentiert und dienen als Arbeitsgrundlage des Workshops II „Auswertung". In diesem werden die Ergebnisse nun sukzessive nochmals geprüft und parallel dazu mit Hilfe der Metaplantechnik die Stärken und Schwächen ausgearbeitet sowie Verbesserungserfordernisse festgehalten.

In einem Prozess des Sortierens, Zuordnens, Überprüfens und Korrigierens schälen sich allmählich die relevanten Aspekte von Stärken, Schwächen und Verbesserungen heraus, verdichten sich zu einem Gesamtbild und dazu gehörigen Verbesserungsthemen.

Der Workshop III: „Fitnessprogramm"

Zentrale Ziele der dritten Stufe sind die Information und Einbeziehung der Schlüsselmitarbeiter (bzw. des erweiterten Führungskreises) und die Ableitung und Initiierung von notwendigen Verbesserungsaktivitäten in Form des Fitnessprogramms.

Dazu stellt die Unternehmensleitung zunächst wichtige Ergebnisse des Leitfadens als Einführung in das Thema vor. Danach skizziert sie den Vorschlag zu Prioritäten der Vorgehensweise und leitet anschließend zur Darlegung der Verbesserungserfordernisse über.

Der Berater moderiert den Workshop und hält die relevanten Diskussionsergebnisse mittels Metaplantechnik fest. Die „Vorschläge von oben" und die „Anregungen von unten" werden gleichberechtigt aufgegriffen, mit den Unternehmenszielen abgeglichen, priorisiert und in einem Maßnahmenplan festgehalten.

5.6 Institutionalisierung des Fitnessprogramms

Für KMU und Familienunternehmen kann es kein einheitliches Vorgehen der Sicherstellung von Fitness geben. Vielmehr ist auf der Grundlage der aktuellen Unternehmenssituation und der Problem- und Zielstellungen eine unternehmensspezifische Vorgehensweise zu erarbeiten und im Unternehmen sukzessive in einem integrierten Lern- und Gestaltungsprozess zu verankern. Werkzeuge wie der Fitnesscheck können diesen Prozess unterstützen. Im Folgenden werden verschiedene Varianten der Strategiearbeit und des Strategie- und Werkzeuglernens in KMU aufgezeigt.

Variante 1: Konzeptgeleitete Strategiearbeit – „erstmaliger Fitnesscheck"

Konzeptgeleitete Fitness meint eine Vorgehensweise, die sich im Kern an den Vorschlägen des Fitnesschecks orientiert, in ihren konkreten Details aber sehr wohl an die individuellen Bedarfe des Unternehmens angepasst werden kann und muss. Deshalb sind sowohl der Leitfaden als auch die drei Workshops modular aufgebaut So kann der Workshop I allein oder in Kombination mit Workshop II je nach Zielstellung hinreichende Anregungen liefern. Das hier vorgeschlagene Drei-Stufen-Modell und der Leitfaden mit seinen sechs Modulen sind eine sinnvolle und erprobte Variante, aber eben nur eine Möglichkeit unter verschiedenen anderen.

In den Workshops werden im Dialog, gestützt durch eine begleitende Visualisierung der wichtigsten Ergebnisse, Schritt für Schritt die allgemeinen Konzepte des Fitnesschecks durch den Kontext und die Ziele des Unternehmens konkretisiert und auch neu geformt – also nicht nur die Unternehmensstrategie, sondern auch das Werkzeug weiterentwickelt. Auf diese Art und Weise entwickelt sich allmählich ein gemeinsames Verständnis, die Beteiligten lernen mit und die Eigenständigkeit im Umgang mit strategischen Fragestellungen nimmt zu.

Variante 2: Eingebettete Strategiearbeit

Die strategische Diskussion im Unternehmen besitzt nicht nur eine einzige Form und einen einzigen Ort, sondern kann an vielen Stellen im Unternehmen und in verschiedenen Formen stattfinden. Dies zeigen die Beispiele des „problemgebundenen" und „situationsinduzierten Strategiediskurses" oder der

„strategischen Initiative von unten" auf. Strategisches Denken und Handeln ist dabei in die Umsetzung eingebunden und es werden Chancen für ein Entstehen und eine Artikulation strategischer Initiativen eröffnet. Es sind Prozesse der Einbindung von Strategie in die Umsetzung oder anders ausgedrückt, es ist eine eingebettete Strategiearbeit. Das Fitnessprogramm erhält dabei eine weitere Funktion: es wird vom Instrument einer systematischen Analyse und Bewertung der Unternehmenspotenziale zum Werkzeugkasten für ausgewählte strategische Fragestellungen.

Variante 3: Konzeptgeleitete Strategiearbeit – „Revision"
Veränderte Unternehmensumwelten fordern über die begrenzten Möglichkeiten einer eingebetteten Strategiearbeit hinaus von Zeit zu Zeit eine erneute, systematische Form von Standortbestimmung des Unternehmens. Diese beinhaltet neben Fragen zu den Potenzialen und zur Positionierung des Unternehmens nicht zuletzt eine Sichtung der „Baustellen" und eine Bewertung des Erfolgs oder Misserfolgs der Umsetzungsaktivitäten. Genau die Erfahrungsreflexion als die zentrale Lernform von KMU wies aber bedenkliche Schwachstellen auf. Weiterhin legten die Firmen ihren Zukunftsüberlegungen in der Regel nur einen recht begrenzten Zeithorizont zugrunde (maximal fünf Jahre, zumeist weniger) und führten darüber hinaus aufgrund ihrer meist knappen Ressourcen zeitlich eng limitierte und damit notwendigerweise relativ „grobkörnige" Analysen durch. Deshalb empfiehlt es sich, die Phasen zwischen den grundsätzlichen Standortbestimmungen möglichst kurz zu halten – denn wer den Blick beim Gehen nicht weit genug hebt, muss des Öfteren stehen bleiben und sich des Wegs vergewissern.

Anders ausgedrückt heißt das, den Zyklus von Zielbestimmung, Planung, Umsetzung, Ergebniskontrolle und Verbesserung möglichst oft zu durchlaufen – natürlich immer in Abhängigkeit vom Grad der Umfeldturbulenz und eigenen, evtl. veränderten Zielstellungen (man kann durch Innovationen und aktive Gestaltung seiner Märkte auch selbst Turbulenzen erzeugen).

Empirischen Erfahrungen nach betrachtet eine Minderheit der Unternehmer eine umfassende, systematische Bestandsaufnahme und Revision der Strategie als notwendig. Aufgrund der dargelegten Anforderungen erfolgreicher Strategiearbeit ist auch den anderen Unternehmen zum passenden Zeitpunkt eine konzeptgeleitete Art der Strategie-Revision anzuraten. Das Fitnessprogramm bietet dafür eine „hemdsärmelige", auf die Bedürfnisse von KMU zugeschnittene Hilfestellung an.

6 Beschreibung der Handlungsfelder

6.1 Strategisches Management

Die Analyse des Handlungsfeldes Strategisches Management geht von dem in Abschnitt „4.4 Strategisches Management" beschriebenen Modell aus:

Thema	Gewichtung	Bewertung
Liegt eine Marktanalyse vor?	10 %	
Liegt eine Wettbewerbsanalyse vor?	10 %	
Liegt eine Stärken/Schwächen-Analyse vor?	10 %	
Ist der Grundauftrag des Unternehmens von der obersten Leitung festgelegt? Ist die Geschäftsidee klar beschrieben (Generierung von Ertrag durch Angebot eines knappen aber benötigten Gutes/Ressourcen)?	10 %	
Sind die Kernkompetenzen unentbehrlich und überlegen bezogen aufs Umfeld (Nutzen durch Kooperation und Koordination, Zugang zu einer Vielzahl Märkten, schwer kopierbar)?	10 %	
Ist die Vision als unternehmensspezifische generelle Leitidee in verschiedenen Dimensionen, mit szenarischem Ziel- und Orientierungscharakter, klarem Realitätsbezug, in der Gegenwart verankert, in der Zukunft liegendem konkretem Bild des Unternehmens, dessen Märkte, Produkte und Kultur formuliert?	10 %	
Wird die Vision bewusst durch das Management vorgelebt (intern und extern, sinngebende und bindende Funktion, bündelt die Energie auf ein gemeinsames Ziel)?	10 %	

Thema	Gewichtung	Bewertung
Sind aus den normativen Festlegungen Ziele (gedanklich vorweggenommene Soll-Zustände, die in der Zukunft liegen, real sein sollen, bewußt gewählt werden, deren Erreichen wünschenswert ist und die nur durch Handlung erreicht werden können) abgeleitet worden?	10 %	
Sind die Ziele quantifiziert, kann der Grad der Zielerreichung überprüft werden, sind Abweichungen erkennbar und Prozesse zu deren Behebung initiiert?	10 %	
Werden die Vorgaben kaskadenartig im Unternehmen herunter gebrochen? (z. B. maximale Rabattgewährung, Prozesskostensenkung)	10 %	
Gesamt	100 %	

Klare Strategien und deren erfolgreiche Umsetzung sind für jedes Unternehmen entscheidende Erfolgsfaktoren. Dieser Abschnitt beschreibt, wie Zukunftskonzepte auf der Grundlage detaillierter Analysen und umfassender Zielprozesse praxisnah für KMU und Familienunternehmen entwickelt werden. [93]

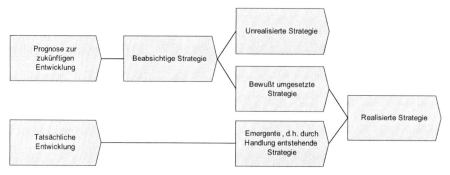

Abbildung 16 - Bewusste und realisierte Strategie[94]

---

[93] http://de.wikipedia.org/wiki/Strategie - 27.5.2006

[94] In Anlehnung an: *Mintzberg, Henry, et al*: Strategy Safari, S. 27

Ausgehend von Prognosen über zukünftige Entwicklungen werden mögliche Strategien festgelegt, um die sich ergebenden Chancen zu nutzen und unnötige Risiken zu vermeiden. In dieser beabsichtigten Strategie werden Elemente bewusst umgesetzt, aber auch einige Anteile durch bestimmte Umstände nicht umgesetzt werden. Aufgrund der von der Prognose abweichenden tatsächlichen Entwicklung im Umfeld wird zu der bewusst umgesetzten Strategie die Komponente der emergenten, d. h. durch Handlung entstehenden Strategie hinzukommen. Aus der Kombination der bewusst umgesetzten und der emergenten Strategie entsteht letztlich die realisierte Strategie.

Strategiearbeit muss in einem systematisch, gelenkten, revolvierendem Prozess organisiert werden. Die Strategie muss dabei ausgehend von den Bedürfnissen der Kunden die Kompetenzen des Unternehmens bestmöglich anpassen.

Das St. Gallener Management-Modell ist ein umfassender ganzheitlicher, d. h. ein systemisch-konstruktivistischer Managementansatz, der neben den herkömmlichen Ansätzen der Betriebswirtschaftslehre weitere wissenschaftliche und sozialwissenschaftliche Ansätze in einen Gesamtzusammenhang und Bezugsrahmen stellt. Das zugrunde liegende Verständnis von Management und Führung als Gestalten, Lenken und Entwickeln zweckorientierter sozialer Institutionen stellt sich einer reduktionistischen Engführung, auf eine mehr oder weniger unverbundene Aggregation von Einzeldisziplinen, entgegen.

Managementprozesse umfassen alle grundlegenden Aufgaben, die mit der Gestaltung, Lenkung (Steuerung und Entwicklung) einer zweckorientierten soziotechnischen Organisation zu tun haben.

Jeder Managementprozess folgt idealtypisch einer Abfolge der vier Teilprozesse Orientierung, Planung, Umsetzung und Kontrolle (Feedback). Die Orientierung ist auf Reflexion und Generierung von Ideen und Orientierungswissen ausgerichtet, die Planung auf die Identifikation konkreter Ziele und auf eine verbindliche Zielvereinbarung, die Umsetzung auf die Überführung der Ziele in Aktivitäten und Routinen des betrieblichen Alltags und die Kontrolle auf die Schließung des Führungskreislaufs durch institutionalisierte Feedbackschleifen. Bei allen Teilprozessen spielen eine Reihe von Einstellungen und Haltungen der Führungskräfte eine entscheidende Rolle.[95]

---

[95] *Rüegg-Stürm, Johannes*: Das neue St. Gallener Management-Modell, S. 70.

6.1.1 Vorgehensweise zur Formulierung der Unternehmensstrategie

Der Prozess zur Erarbeitung einer wirksamen Unternehmensstrategie in Anlehnung an das St. Gallener Management-Modell wird im Folgenden dargestellt:

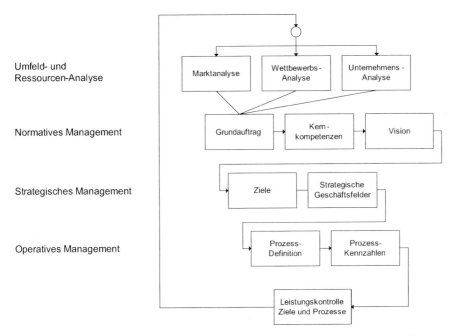

Abbildung 17 - Prozess zur Erarbeitung einer wirksamen Unternehmensstrategie[96]

---

[96] In Anlehnung an: *Heinze, Roderich:* Keine Angst vor Veränderungen, S. 149

6.1.2 Umfeld und Ressourcenanalyse

Marktanalyse

Unter der Marktanalyse versteht man die Untersuchung des Marktzustandes zu einem bestimmten Zeitpunkt. Ziel dabei ist die Feststellung des tatsächlichen und möglichen Absatzes und aller damit zusammenhängenden Faktoren. Zur Marktanalyse gehören insbesondere:

- Marktvolumen und Marktentwicklung (Wachsen, Stagnieren, Schrumpfen)
- Marktstrukturierung nach Teilmärkten
    - Nach Regionen
    - Nach Produktgruppen
    - Nach Kundentypen
    - Nach Vertriebskanälen
- Potenzielle Substitutionsprodukte[97]

Wettbewerberanalyse

Competitive-Intelligence (CI), zu deutsch etwa „Konkurrenz/Wettbewerbs -forschung -analyse, -beobachtung, -(früh)aufklärung", bezeichnet die systematische, andauernde und legale Sammlung und Auswertung von Informationen über Konkurrenzunternehmen, Wettbewerbsprodukte, Marktentwicklungen, Branchen, neue Patente, neue Technologien und Kundenerwartungen. Durch CI können Unternehmen frühzeitig ihre Strategie und Wettbewerbsstrategie an die sich ändernden Wettbewerbsstrukturen anpassen und aufgrund von besseren Informationen Wettbewerbsvorteile im dynamischen Wettbewerbsmarkt erreichen.[98]

Mitte der Siebzigerjahre begann Professor Michael Porter, sich intensiv mit Wettbewerbsstrategien zu befassen. Er wusste, dass die Wettbewerbsstrategien große Bedeutung für die Manager haben, denn sie betreffen grundlegende Fragen, auf die jedes Unternehmen Antworten finden muss:

---

[97] http://de.wikipedia.org/wiki/Marktanalyse - 3.8.2006
[98] http://de.wikipedia.org/wiki/Konkurrenzanalyse - 3.8.2006

- Welches sind die Antriebskräfte des Wettbewerbs in meiner Branche oder in Branchen, in die ich einsteigen möchte?
- Wie werden die Konkurrenten wahrscheinlich vorgehen, und wie reagiere ich am besten auf ihre Maßnahmen?
- Wie wird sich meine Branche entwickeln?
- Wie kann ich mein Unternehmen langfristig wettbewerbsfähig erhalten?

Nach Porter bestimmen fünf Einflussfaktoren den Wettbewerb in einer Branche:

1. Die Bedrohung durch neue Marktteilnehmer,
2. der Druck durch Substitutionsprodukte oder -dienstleistungen,
3. die Verhandlungsstärke der Abnehmer,
4. die Verhandlungsstärke der Lieferanten,
5. der Grad der Rivalität zwischen den bestehenden Konkurrenten.

Porter entwickelte daraus das Modell der „Five Forces" das systematisch die vorgenannten Fragen stellt und es ermöglicht, eine systematische Wettbewerbsstrategie abzuleiten.

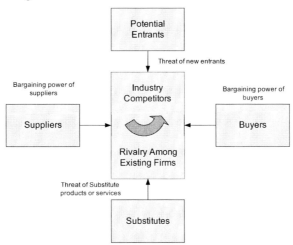

Abbildung 18 - Porter's Five Forces Model[99]

---

[99] *Porter, Michael E.:* Competitive Strategy, S. 34

Unternehmensanalyse[100]

In der Unternehmensanalyse stellt man die Frage, welche Unternehmensressourcen zur Verfügung stehen, um die theoretisch denkbaren strategischen Optionen umzusetzen. Das Ziel dieser Unternehmensanalyse ist es, die Stärken und Schwächen des Unternehmens bezüglich alternativer Strategien zu bewerten. Dabei ist die Wettbewerbspositionierung des Unternehmens immer relativ zu den möglichen Chancen und Risiken und in Bezug auf mögliche Konkurrenten zu werten. Die Unternehmensanalyse kann mittels einer SWOT-Analyse durchgeführt werden.

Die SWOT-Analyse (für Strengths, Weaknesses, Opportunities und Threats) ist ein weit verbreitetes Instrument zur Situationsanalyse. In dieser einfachen und flexiblen Methode werden sowohl innerbetriebliche Stärken und Schwächen (Strength-Weakness), als auch externe Chancen und Gefahren (Opportunities-Threats) betrachtet, welche die strategischen Geschäftsfelder des Unternehmens betreffen.

Vorgehen in der SWOT-Analyse

1. Inweltanalyse:

Stärken/Schwächen beziehen sich auf das Unternehmen selber, ergeben sich also aus der Introspektion, d. h. der Innensicht des Unternehmens. Man spricht deshalb auch von der Inweltanalyse. Stärken/Schwächen produziert das Unternehmen selber, sie sind Eigenschaften des Unternehmens bzw. werden vom Unternehmen selber geschaffen, sind also Ergebnisse der organisationalen Prozesse.

2. Umweltanalyse:

Suchen nach den strategisch relevanten Chancen und Gefahren. In der externen Analyse wird die Unternehmensumwelt untersucht, man spricht auch von Umweltanalyse. Die Chancen/Gefahren kommen von Außen, und ergeben sich aus Veränderungen im Markt, in der technologischen, sozialen oder ökologischen Umwelt. Die Umweltveränderungen sind für das Unternehmen weitgehend vorgegeben, die hier wirkenden Kräfte sind weitgehend exogen.

---

[100] *Nagel, Reinhard; Wimmer, Rudolf:* Systemische Strategie-Entwicklung, S. 190

3. SWOT-Vierfelder-Martix

Nun wird versucht, den Nutzen aus Stärken und Chancen zu maximieren, und die Verluste aus Schwächen und Gefahren zu minimieren. Hierzu wird gezielt nach folgenden Kombinationen gesucht, anschließend wird gefragt, welche Initiativen und Maßnahmen sich daraus ableiten lassen:

- SO Stärke/Chancen-Kombination: Welche Stärken passen zu welchen Chancen? Wie können Stärken eingesetzt werden, so dass sich die Chancenrealisierung erhöht?

- ST Stärke/Gefahren-Kombination: Welchen Gefahren können wir mit welchen Stärken begegnen? Wie können welche Stärken eingesetzt werden, um den Eintritt bestimmter Gefahren abzuwenden?

- WO Schwäche/Chancen-Kombination: Wo können aus Schwächen Chancen entstehen? Wie können Schwächen zu Stärken entwickelt werden?

- WT Schwäche/Gefahren-Kombination: Wo befinden sich unsere Schwächen und wie können wir uns vor Schaden schützen?

Es können durchaus mehrere Stärken zur Realisierung einer Chance oder Vermeidung einer Gefahr eingesetzt werden. Die größten Bedrohungen sind auch dort zu vermuten, wo eine Kombination von Schwächen einer oder mehrere Gefahren gegenübersteht.

Aufgrund dieser Kombinationen müssen dann passende Strategien entwickelt und aufeinander abgestimmt werden. Hierbei handelt es sich sicher um den anspruchsvollsten Teil des Vorgehens. Die Kernstrategien werden dann in der Vierfeld-Matrix eingetragen.

SWOT-Analyse	Interne Analyse	
	Stärken (Strengths)	Schwächen (Weaknesses)
Externe Analyse — Chancen (Opportunities)	S-O-Strategien: Verfolgen von neuen Möglichkeiten, die gut zu den Stärken des Unternehmens passen.	W-O-Strategien: Schwächen eliminieren, um neue Möglichkeiten zu nutzen.
Gefahren (Threats)	S-T-Strategien: Stärken nutzen, um Bedrohungen abzuwenden.	W-T-Strategien: Verteidigungen entwickeln, um vorhandene Schwächen nicht zum Ziel von Bedrohungen werden zu lassen.

Abbildung 19 - SWOT-Analyse

6.1.3 Grundauftrag

Die Geschäftsidee als Ausdruck der eigenen Identität ist der Grundgedanke oder Grundauftrag, den eine Organisation ihrer Tätigkeit unterstellt. Durch sie erfüllt eine Organisation eine bestimmte Funktion in der Gesellschaft. Dabei legt sie Rollen und Interaktionsmuster zur Umsetzung dieses Grundauftrages fest, die sie als Erwartung sowohl offen, wie auch verborgen kommuniziert. Wer den Grundauftrag umsetzt, d. h. die Identität lebt, zeigt durch seine Verhaltensweisen Werte, Einstellungen, Normen, Prinzipien und Standards.[101] Der Grundauftrag ist im Kontext des Umfeldes, d. h. des Marktes und der Wettbewerber zu formulieren.

6.1.4 Kernkompetenzen

Jede Organisation wird geprägt durch spezifische Kompetenzen, die in gewisser Weise von der Umwelt für unentbehrlich oder überlegen gehalten werden. Von einer Kernkompetenz, spricht man, wenn sich ein Unternehmen bestimmte Fähigkeiten in einzigartiger Weise zu Eigen gemacht hat, um sie wertschöpfend einzusetzen.

Die Kernkompetenzen sind so etwas wie das kollektive Wissen der Organisation, insbesondere was die Koordination diverser Herstellungstechniken und die Integration unterschiedlicher Technologiebereiche betrifft. Kernkompetenzen setzen

---

[101] *Heinze, Roderich:* Keine Angst vor Veränderungen, S. 139

Kommunikation, Engagement und die Entschlossenheit voraus, Organisationsbarrieren zu überwinden.

Kernkompetenzen nutzen sich nicht ab. Im Gegensatz zu den materiellen Aktiva, die sich mit der Zeit verbrauchen, nehmen die Kompetenzen durch Gebrauch zu.

Prahalad und Hamel schlugen drei Tests vor, um eine mögliche Kernkompetenz zu bestimmen:

- Eine Kernkompetenz bietet potenziell Zugang zu einer Vielzahl von Märkten.
- Eine Kernkompetenz sollte wesentlich zum wahrgenommenen Nutzen des Endprodukts für den Kunden beitragen.
- Eine Kernkompetenz sollte für Wettbewerber schwer zu kopieren sein. Das ist dann der Fall, wenn es sich um ein komplexes Geflecht spezifischer Technologien und Herstellungstechniken handelt.

Das Unternehmen kann dabei als ein Baum verstanden werden, dessen Wurzeln die Kernkompetenzen bilden. Aus diesen Wurzeln wachsen die „Kernprodukte" der Organisation, die ihrerseits verschiedene Geschäftseinheiten tragen. Aus diesen Geschäftseinheiten erwachsen schließlich die „Endprodukte".[102]

Zur Identifizierung von Kernkompetenzen sind bestimmte Fähigkeiten des Unternehmens zu bestimmen, die die Basis des derzeitigen Erfolges darstellen. Hierzu können die folgenden Perspektiven eingenommen und analysiert werden:[103]

---

[102] *Prahalad, Coimbatore K.; Hamel, Gary*: Nur Kernkompetenzen sichern das Überleben. S. 66 - 78.
[103] *Nagel, Reinhart; Wimmer, Rudolf*: Systemische Strategie-Entwicklung, S. 204

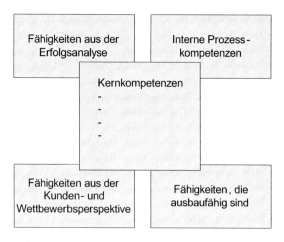

Abbildung 20 - Identifikation von Kernkompetenzen

6.1.5 Vision

Eine Vision ist die in die Zukunft prognostizierte Entwicklung der Organisation aufgrund des formulierten Grundauftrages und der definierten Kernkompetenzen.

Ein weiterer wichtiger Baustein des normativen Managements ist eine klare und motivierende Vision. Sie ist die Methode der Organisation, die gegenwärtige Geschäftsidee und die spezifische Kompetenz so umzusetzen, dass sie in einem systematischen Prozess die Organisation ausrichten und strukturieren.[104]

Eine Unternehmensvision ist eine unternehmensspezifische generelle Leitidee in verschiedenen Dimensionen mit szenarischem Ziel- und Orientierungscharakter. Mit einem klaren Realitätsbezug stellt sie ein in der Gegenwart verankertes, in der Zukunft liegendes konkretes Bild des Unternehmens und dessen Märkte, Produkte sowie Kultur dar. Durch das bewusste Vorleben des Managements füllt die Unternehmensvision eine sowohl intern als auch extern sinngebende und bindende Funktion und bündelt die Energie der Unternehmensmitglieder auf ein gemeinsames Ziel.

---

[104] *Heinze, Roderich:* Keine Angst vor Veränderungen, S. 140

Die Vision hat also eine Sinngebungs-, Koordinations-, Orientierungs- und vor allem eine Motivationsfunktion. Sie stellt die notwendige Basis für jedes Zielsystem dar.

6.1.6 Ziele

Ein Ziel ist ein gedanklich vorweggenommener Soll-Zustand, der in der Zukunft liegt, real sein soll, bewusst gewählt wird, dessen Erreichen wünschenswert ist und der nur durch Handlung erreicht werden kann. Es ist notwendig, Ziele zu quantifizieren, denn nur so können der Grad der Zielerreichung überprüft, Abweichungen erkannt und Prozesse zu deren Behebung initiiert werden.

Ziele haben eine Motivationsfunktion, denn nur durch identifizierte Ziele kann es Erfolge und durch diese Anerkennung geben. Neben der Motivationsfunktion haben Ziele aber auch noch eine Orientierungsfunktion. Das Erreichen eines unbekannten Ziels ist fraglich, da Abweichungen nicht korrigiert werden können, wenn nicht bekannt ist, was eine Abweichung darstellt. Auch ist die Koordination der einzelnen Aktivitäten ohne explizites Ziel fast unmöglich.

Ziele können neben den klassischen Zielen wie Produktivität, Qualität und Service viele Aspekte der Unternehmensführung betreffen, z. B. Vermeidung zusätzlicher Werksflächen trotz steigenden Umsatzes, höhere Flexibilität, um den wechselnden Anforderungen des Marktes zu entsprechen.

Alle Ziele im Unternehmen werden direkt oder indirekt aus der Unternehmensvision abgeleitet. In der obersten Ebene dieses Zielsystems werden vom Management Unternehmensziele formuliert, die dann in Bereichs- oder Abteilungsziele detailliert werden, um letztlich zu individuellen Zielvorgaben für einzelne Teams oder Mitarbeiter zu gelangen. Somit entsteht ein hierarchisches System zusammenhängender Ziele, das entsprechend der Aufbauorganisation im Unternehmen strukturiert ist. Die Durchgängigkeit des Zielsystems entspricht der Durchgängigkeit der Unternehmensprozesse. Diese Forderung gilt auch für Aktualisierungen und Anpassungen. Somit erlangt die ständige Überwachung und Anpassung des Zielsystems die gleiche Bedeutung wie kontinuierliche Optimierung der Unternehmensprozesse.

6.1.7 Strategische Geschäftsfelder

Unter einem strategischen Geschäftsfeld versteht man die gedankliche Zusammenfassung von markt- bzw. kundenbezogenen Tätigkeitsfeldern einer Unternehmung. Im Rahmen der Markt- und Geschäftsfeldabgrenzung muss ein Unternehmen die Frage klären, auf welchen Märkten es tätig sein will und welche Marktsegmente dabei als strategische Geschäftseinheiten bzw. Geschäftsfelder betrachtet werden. Die zentrale strategische Frage lautet letztlich: Welches Angebot für welche Zielgruppe? Angebots -Zielgruppen-Kombinationen werden auch als Strategische Geschäftsfelder (SGF) bezeichnet.

Wie der Begriff bereits andeutet, sind SGF das Ergebnis eines Abgrenzungsprozesses (Außensegmentierung), der das Ziel hat, das Unternehmensumfeld zu gliedern bzw. zu strukturieren und damit Ansatzpunkte für die Strategieentwicklung zu schaffen. In diesem Zusammenhang werden Umfeldbereiche (Märkte im weitesten Sinne) definiert, die möglichst ein in sich geschlossenes, funktionsfähiges Subsystem des für das Unternehmen relevanten Umfeldes darstellen.

Das relevante Unternehmensumfeld definiert sich dabei als aktueller Tätigkeitsbereich, erweitert durch jene – bisher unbearbeiteten – Bereiche, in denen Wettbewerbsvorteile des Unternehmens (Ressourcen) potenziell verwertet werden können. Strategische Geschäftsfelder sind also abgegrenzte, überschaubare Ausschnitte des Unternehmensumfeldes, die eigenständige Ertragsaussichten aufweisen und für die unabhängig voneinander Strategien entwickelt und umgesetzt werden können.

SGF müssen als eindeutige Produkt-Markt-Kombinationen mit eigenen wettbewerbstrategischen Chancen und Risiken definiert sein, sich klar von anderen SGF abgrenzen lassen und ausreichend groß sein, um eine eigenständige Strategieplanung und -umsetzung betriebswirtschaftlich zu rechtfertigen. Sie sind ein fundamentaler Baustein des Marktprogramms einer Unternehmung und werden wesentlich durch die generellen Unternehmensstrategien auf Gesamtunternehmensebene beeinflusst. Jedes strategische Geschäftsfeld eines Unternehmens ist Bezugspunkt marketingstrategischer Ziele und Maßnahmen, für die jeweils spezifische Marketingstrategien abgeleitet werden müssen.

6.1.8 Umsetzungsprogramm

Handlungsfeld:	Strategisches Management	
Implementierungsphase Fitnessprogramm		
Interviews	Erhebung Ist-Situation	Marktanalyse Wettbewerberanalyse Unternehmensanalyse SWOT-Analyse
Workshop	Normatives Management	Grundauftrag Vision Kernkompetenzen
Workshop	Strategisches Management	Strategische Geschäftsfelder Definition von Zielen
Workshop	Operatives Management	Prozessdefinition Prozesskennzahlen
Aufrechterhaltung und Erfolgskontrolle		
Jährliche Strategietagung zur Weiterentwicklung der Unternehmensstrategie		Prüfung und Weiterentwicklung der Annahmen und Maßnahmen zum normativen, strategischen und operativen Management
Unterjährige Bewertungen		Verfolgung Prozesskennzahlen

Das Strategische Management legt wichtige Grundlagen für die Arbeit mit dem Fitnessprogramm. Die in dem Umsetzungsprogramm beschriebene Vorgehensweise, in Form von Interviews, Workshops und der folgenden unterjährigen Bewertung der erzielten Ergebnisse, stellt einerseits die Beteiligung der Führungskräfte und andererseits die kritische Reflexion des Erreichten sicher.

Somit werden die in KMU und Familienunternehmen oftmals vernachlässigten Themen des Strategischen Managements pragmatisch von ihrem Schattendasein befreit.

6.2 Wertorientiertes Management

Thema	Gewichtung	Bewertung
Wird der Gewinn als Ergebnis der gewöhnlichen Geschäftstätigkeit ausgewiesen und zur Steuerung benutzt?	10 %	
Wird die Umsatzrendite ermittelt und ausgewertet?	10 %	
Wird die Eigenkapitalrendite ermittelt und zur Steuerung benutzt?	10 %	
Wird der Cashflow ermittelt und Maßnahmen abgeleitet?	10 %	
Wird der Gewinn zeitnah ausgewiesen?	10 %	
Sind unternehmensspezifische Kapitalisierungszinssätze ermittelt worden?	10 %	
Wird der Unternehmenswert des Unternehmens nach Ertragswertmethode, Multiplikatormethode und Discounted Cashflow ermittelt?	10 %	
Werden unternehmerische Entscheidungen bezüglich ihrer Auswirkungen auf den Unternehmenswert geprüft?	10 %	
Besteht ein Kennzahlensystem nach Balanced Scorecard?	10 %	
Wird die Balanced Scorecard gepflegt und weiterentwickelt?	10 %	
Gesamt	**100 %**	

Zur Verfolgung der Unternehmensentwicklung sind im Rahmen des wertorientierten Managements drei wesentliche Themenbereiche zu beachten:

- Kennzahlen zur Beobachtung des finanziellen Erfolges
- Methoden zur Ermittlung des Unternehmenswertes
- Instrumente zur Steuerung des Unternehmenswertes (Balanced Scorecard)

6.2.1 Kennzahlen zur Ermittlung des Unternehmenserfolgs

Kennzahlen zur Beobachtung des finanziellen Erfolges eines Unternehmens

Kurzfristig kann der Unternehmenserfolg mit Hilfe von vier relativ einfach zu ermittelnden Kennzahlen beobachtet und entwickelt werden.

Ergebnis der gewöhnlichen Geschäftstätigkeit (Earnings before Taxes = EBT)

Das Ergebnis aus der gewöhnlichen Geschäftstätigkeit kann in der Gewinn- und Verlustrechnung ermittelt werden. Dieser Posten ist eine Zwischenposition und enthält alle Aufwendungen und Erträge, die zur gewöhnlichen Geschäftstätigkeit gehören. Diese Zwischenposition wird auch Gewinn vor Ertragssteuern genannt. Das heißt, die Gesamtleistung des Unternehmens in der abgelaufenen Rechnungsperiode und die Finanzerträge werden den betrieblichen Aufwendungen gegenübergestellt. Es berechnet sich wie folgt:

$$EBT = Betriebsergebnis \pm Finanzergebnis$$

Demgegenüber stehen die häufig benutzten Kennzahlen EBIT (earnings before interest and taxes) und EBITDA (earnings before interest, taxes, depreciation and amortization). Bei der Berechnung des EBIT werden Zinsen der Fremdfinanzierung und bei der Berechnung des EBITDA Abschreibungen auf materielle (depreciation) und immaterielle Vermögensgegenstände (amortisation) ignoriert. Man spricht hier auch von einer Bereinigung des Gewinns oder dem Herausrechnen bestimmter Positionen.

Zur Zeit des Neuen Marktes wurde der EBITDA von unprofitablen Unternehmen zur Verschleierung einer Verlustsituation genutzt, da durch die Bereinigung des EBT um zahlreiche Aufwandspositionen unter Umständen trotzdem ein positives EBITDA ausgewiesen werden konnte. Positive EBIT oder EBITDA sagen nicht unbedingt aus, ob ein Unternehmen tatsächlich profitabel wirtschaftet und sind somit mit Vorsicht zu interpretieren.[105]

---

[105] *Malik, Fredmund:* Gefährliche Worte, www.manager-magazin.de, 26.9.2006

Der EBT ist somit gegenüber EBIT und EBITDA die aussagekräftigere Gewinngröße, da sie alle Aufwendungen und Erträge der gewöhnlichen Geschäftstätigkeit berücksichtigt.

	Jahresüberschuss/-fehlbetrag
+/-	außerordentlicher Aufwand/Erträge
+/-	Steueraufwand/-erträge
= EBT	
+/-	Finanzaufwand/-erträge
= EBIT	
+/-	Abschreibungen/Zuschreibungen auf das Anlagevermögen
+/-	Abschreibungen/Zuschreibungen auf immaterielle Vermögensgegenstände
= EBITDA	

Umsatzrentabilität

Die Umsatzrendite (auch: Umsatzrentabilität oder Vorsteuermarge; englisch: Return on Sales, ROS) ist eine betriebswirtschaftliche Kennzahl und bezeichnet das Verhältnis von Gewinn zu Umsatz innerhalb einer Rechnungsperiode.

$$Umsatzrendite = \frac{Gewinn}{Umsatz}$$

Eigenkapitalrentabilität

Die Eigenkapitalrentabilität (EKR) oder Eigenkapitalrendite (engl: Return on Equity bzw. ROE) ist eine populäre betriebswirtschaftliche Kennzahl und Steuerungsgröße. Sie dokumentiert, wie hoch sich das vom Kapitalgeber investierte Kapital innerhalb einer Rechnungsperiode verzinst hat.

$$Eigenkapitalrendite = \frac{Gewinn}{Eigenkapital}$$

Cashflow

Zur direkten Ermittlung werden alle im Zusammenhang mit der laufenden Geschäftstätigkeit stehenden zahlungswirksamen Aufwendungen (z. B. Materialkosten, Löhne/Gehälter, Zinsaufwendungen, Steuern) von den zahlungswirksamen Erträgen (z. B. Umsatzerlöse, Beteiligungserträge, Desinvestitionen, Zinserträge, Subventionen) einer Periode subtrahiert. Zahlungswirksam wird des Öfteren auch fondswirksam genannt, da sich die Zahlungen auf den Zahlungsmittelbestand oder -fonds auswirken. Der Cashflow in seiner einfachsten Form ist:

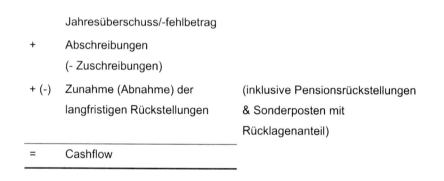

Die genannten Basiskennzahlen sind Maßzahlen für die Ertrags- und Finanzlage des Unternehmens und stellen besonders wichtige Voraussetzungen für das erfolgreiche Wirtschaften im Unternehmen dar.

6.2.2 Ertragswertmethode

Die Ertragswertmethode wird mittels der Methode der Gewinnkapitalisierung erläutert. Diese Methode ist relativ einfach anzuwenden, da sie nur auf zwei Größen basiert: dem Gewinn und dem Kapitalisierungszinssatz.

Die Basisformel zur Ermittlung des Fairen Marktwertes eines Unternehmens unter der Rahmenbedingung des Unternehmensfortbestandes mit der Methode der Gewinnkapitalisierung lautet wie folgt:[106]

$$Ertragswert = \frac{Gewinn}{Kapitalisierungszinssatz}$$

Gewinn

Als Gewinngröße wird hier der bereinigte Gewinn des Unternehmens vor Ertragssteuern (konkret: Einkommen- bzw. Körperschaftssteuer und Gewerbesteuer) genutzt. Der Grund liegt in der oftmals durchgeführten Optimierung der Steuerbelastung auf Ebene des Unternehmens bzw. Unternehmers. Somit werden steuerliche Effekte weitestgehend ausgeblendet.

Bereinigter Gewinn ist der um untypische und außerordentliche Erträge und Aufwendungen korrigierte Gewinn des Unternehmens. Dies können in KMU und Familienunternehmen z. B. vom Unternehmen getragene persönliche Ausgaben des Inhabers, persönliche Kredite, überhöhte oder nicht bezahlte Inhabervergütungen sein.

Bei der Ermittlung der Gewinngröße kann es sinnvoll sein, statt einer Einperioden-Betrachtung eine Mehrperioden-Betrachtung durchzuführen. Die zugrunde gelegte Gewinngröße wird aus mehreren Perioden, z. B. 5 Jahren, als arithmetischer, gewichteter oder geometrischer Mittelwert ermittelt.[107]

---

[106] *Seiler, Karl:* Unternehmensbewertung, S. 45
[107] *Seiler, Karl:* Unternehmensbewertung, S. 47

Kapitalisierungszinssatz

Der Kapitalisierungszinssatz spiegelt das Investitionsrisiko innerhalb der Branche wieder. Da oftmals die Kapitalisierungszinssätze von Vergleichsfällen nicht vorliegen, muss in der Regel dieser Zinssatz mittels Risikozuschlägen auf risikofreie Anlageformen ermittelt werden. Dabei illustriert der Kapitalisierungszinssatz die „Geschwindigkeit" des Kapitalrückflusses wieder. Ist das Risiko hoch, muss die Investitionsrendite (Return on Investment) entsprechend hoch sein. Im Folgenden wird beispielhaft für ein KMU ein Kapitalisierungszinssatz ermittelt:

Stufe	Beschreibung	Prozentsatz
1.	Bundesanleihe	5 %
2.	Risikozuschlag für eine Investition in Aktien allgemein	8 %
3.	Risikozuschlag für eine Investition in Aktien eines kleinen Unternehmens	2,5 %
4.	Zuschlag für das spezielle Unternehmens-/Branchenrisiko	4,5 %
	Kapitalisierungszinssatz	20 %

Tabelle 10 - Ermittlung des Kapitalisierungszinssatzes[108]

---

[108] *Seiler, Karl:* Unternehmensbewertung, S. 49

6.2.3 Discounted Cashflow

Der Cashflow, Ertragskraft oder Innenfinanzierungspotenzial, ist eine wirtschaftliche Messgröße, mit deren Hilfe man die Zahlungskraft eines Unternehmens beurteilen kann. Er stellt den reinen Einzahlungsüberschuss dar (ausschließlich auf eine Periode bezogene Differenz zwischen Einzahlungen und Auszahlungen). Ein negativer Cashflow wird als Cash-Loss bzw. Cash-Drain bezeichnet, umgangssprachlich auch als Cash-Burn.

Die Discounted Cashflow-Verfahren (DCF) (abgezinster Zahlungsstrom) sind Methoden zur Bewertung von Unternehmen, ganzen Projekten oder Teilprojekten. Die DCF-Verfahren bestimmen die zukünftigen Zahlungsüberschüsse und diskontieren sie mit Hilfe von Kapitalkosten auf den Bewertungsstichtag.

Dabei werden zu zahlende Steuern (Körperschaftsteuer oder Einkommensteuer) mit in die Bewertung einbezogen. Der so ermittelte Barwert oder auch Kapitalwert ist der diskontierte Cashflow. Typischerweise wird der Zahlungsüberschuss in zwei Phasen unterteilt; die erste Phase werden die Cashflow´s geschätzt, in der zweiten Phase wird entweder ein gesondert zu ermittelnder Restwert oder eine ewige Rente angenommen. Die Kapitalkosten werden in der Praxis sehr häufig mit Hilfe eines Kapitalmarktmodels ermittelt. Je nach verwendeter Steuer entsteht ein Finanzierungseffekt, der sich in verschiedenen DCF-Verfahren niederschlägt

Es stellen sich einem DCF-Verfahren grundsätzlich drei Probleme:

- Die Bestimmung der Schätzungen für die zukünftigen periodischen Cashflows.
- Die Einbeziehung der Steuern (Körperschaftsteuer oder Einkommensteuer).
- Die Bestimmung des Diskontierungssatzes, der zur Abzinsung des periodischen Cashflows zu verwenden ist.

Je nach Finanzierungsannahmen sind nun verschiedene DCF-Methoden zu unterscheiden, die zu verschiedenen Unternehmenswerten führen können.

Equity-Methode
- FTE-Ansatz (Flow to Equity)

Entity-Methoden:
- APV-Ansatz (Adjusted Present Value)
- WACC-Ansatz (Weighted Average Cost of Capital)
- TCF-Ansatz (Total Cashflow)

Die Höhe des Steuervorteils hängt von der Finanzierungspolitik des Unternehmens ab. In vielen Fällen wird nur eine Unternehmenssteuer (Körperschaftsteuer oder Gewerbesteuer) unterstellt, eine Besteuerung der Anteilseigner wird vernachlässigt.

Die Auswahl der Methode richtet sich nach den zur Verfügung stehenden Informationen.

Wird angenommen, dass das Unternehmen eine marktwertorientierte Finanzierung betreibt, d. h. die zukünftige Fremdkapitalquote wird exakt vorgegeben, dann bietet sich die Verwendung des TCF-Ansatzes (Total Cashflow) an.

Beim FTE-Verfahren (Flow to Equity) wird angenommen, dass der Bewerter die erwarteten Cashflows an die Aktionäre und die Eigenkapitalkosten des verschuldeten Unternehmens kennt.

Die APV-Methode (Adjusted Present Value) bestimmt den Steuervorteil aus der anteiligen Fremdfinanzierung. Dieser Steuervorteil ergibt sich aus der Wertdifferenz eines verschuldeten und eines unverschuldeten Unternehmens. Damit setzt aber die APV-Methode voraus, dass man den Marktwert des unverschuldeten Unternehmens und auch die unverschuldeten Eigenkapitalkosten kennt. Man bestimmt diese Eigenkapitalkosten typischerweise aus einer so genannten Peer Group, also aus anderen Unternehmen des gleichen Geschäftsfeldes.

Die Weighted Average Cost of Capital (WACC) sind die gewichteten durchschnittlichen Kapitalkosten. Der WACC-Satz entspricht dem kapitalgewichteten

Durchschnitt der verschiedenen Zinssätze und Mindestrenditen und gibt eine wirtschaftlich vernünftige Mindestrendite vor.

Die Nachteile der Verfahren liegen in der Vielzahl der Annahmen, die sie erfordern. Es ist in der Praxis oft nur schwer zu ermitteln, inwieweit diese erfüllt werden. Insbesondere die Prognose der Zahlungsströme und die Wahl der Diskontierungsfaktoren erweisen sich als Stellhebel, die manchmal den Eindruck einer Manipulation erwünschter Ergebnisse vermitteln können.

Einfache Beispielrechnung zur Ermittlung des Unternehmenswertes:

$\overline{X} =$ Diskontierter Brutto-Cashflow (150.000 €)
$s_{er} =$ Ertragssteuersatz (38,5 %)
$k_s =$ geforderte Rendite der Eigenkapitalgeber (12 %)

$$\text{Unternehmenswert (Fair Value)} = V^F = \frac{\overline{X}(1 - s_{er})}{k_s} = \frac{150.000€(1 - 0,385)}{0,12} = 768.750 \text{ €}$$

Aus dem Brutto Cashflow wird der Free Cashflow nach Steuern ermittelt und anschießend mit der gewünschten Eigenkapitalrendite der Unternehmenswert berechnet. Zu berücksichtigen sind anschießend die auf der Vorseite beschriebenen Annahmen und Effekte der Kapitalstruktur und Fremdfinanzierung.

6.2.4 Multiplikatormethode

Die Multiplikatormethode (Multiples, Comparable Company Analysis) bei der Unternehmensbewertung ist eine relativ einfache, häufig von Investmentbanken und Equity Analysten eingesetzte Methode zur Schätzung des Unternehmenswertes. Die Einfachheit der Methode ist bestechend und für alle Beteiligten unmittelbar nachvollziehbar. Beispiel für eine einfache Multiplikatormethode ist „Der Wert eines Unternehmens entspricht dem 6fachen des Gewinns".

Im Grundprinzip wird davon ausgegangen, dass gewisse Ertrags- und operationale Maßzahlen für die Preisbildung des Unternehmenswertes maßgeblich sind. Die sinnvollste Basisgröße bei den Multiplikatorengrößen ist der für die Zukunft nachhaltig zu erwartende Gewinn.

Die bekanntesten Multiplikatoren sind

- EV/EBITDA (Enterprise Value/Earnings before interest, taxes, depreciation and amortization = Betriebsergebnis vor Zinsen, Steuern, Abschreibungen auf Sachanlagen und Abschreibungen auf immaterielle Vermögenswerte),

- EV/EBIT (Enterprise Value/Earnings before interest and taxes, Gewinn vor Zinsenaufwand und Steuern) und
- bei börsennotierten Unternehmen das P/E (Price-Earnings Ratio, Kurs-Gewinn-Verhältnis).

Der Erstellung von neuen Multiplikatoren sind keine Grenzen gesetzt, jedoch muss darauf geachtet werden, dass das im Nenner verwendete Maß in der Industrie des bewerteten Unternehmens von Bedeutung ist (z. B. Verkaufsfläche bei gelisteten Einzelhändlern).

Um ein Unternehmen mit dieser Methode zu bewerten, ist es unumgänglich, gelistete und operational ähnliche Unternehmen im gleichen Industriesektor zu finden und die gewünschten Multiplikatoren zu berechnen. Hat man für jedes vergleichbare Unternehmen den Multiplikator (z. B. EV/EBITDA) berechnet, so wird für diesen Multiplikator ein Durchschnitt (oder der Median) gebildet, nachdem alle Ausreißer eliminiert wurden.

Dieser Durchschnitt wird mit der operationalen Maßzahl des zu bewertenden Unternehmens (hier also EBITDA des Unternehmens) multipliziert. Das Ergebnis sollte der implizierte Unternehmenswert sein. Natürlich ist es sinnvoll, für jede Bewertung eine gewisse Anzahl von Multiplikatoren anzuwenden.[109]

---

[109] *Seiler, Karl:* Unternehmensbewertung, S. 41

Obwohl diese Methode der Unternehmensbewertung zwar ohne großen mathematischen Aufwand zu bewerkstelligen ist, sollte immer ein kritischer Blick auf das Ergebnis geworfen werden. Ausschlaggebend bei dieser Bewertung ist die Qualität des Datensatzes der vergleichbaren Unternehmen.[110]

6.2.5 Balanced Scorecard (BSC)

Die Balanced Scorecard-Methode erscheint zunächst als sehr einfach und pragmatisch und leicht in bestehende Systeme zu integrieren. Das bedeutet allerdings nur, dass das Konzept bestechend schlüssig, logisch und einfach ist, die Kunst aber, wie bei vielen Managementthemen, in einer gelungenen Implementierung liegt. Das ursprüngliche Problem einer effizienten Strategieumsetzung verlagert sich auf die wirkungsvolle Einführung der BSC.[111,112]

Es gibt mehrere Implementierungsmodelle, die Balanced Scorecard in einem Unternehmen einzuführen, die sich jedoch alle etwa an demselben Schema orientieren. Weber/Schäffer beispielsweise beschreiben einen 6-Stufen-Implementierungsplan. Kaplan/Norton schlagen eine Einführung in vier Schritten vor, wobei diese mit der Umsetzung der BSC abschließen und eine Verankerung im Unternehmen außen vor lassen. Im Folgenden soll das 5-Phasen-Konzept von Horváth & Partners angewendet werden, da sich dieses in mehr als 250 Fällen, unter anderem auch in mittelständischen Betrieben, international bewährt hat.[113]

---

[110] http://de.wikipedia.org/wiki/Multiplikatormethode - 4.7.2006
[111] *Horvath & Partners*: Balanced Scorecard umsetzen, S. 118
[112] *Bernhard, Martin G.; Hoffschröer, Stefan*: Report Balanced Scorecard, S. 269
[113] *Horvath & Partners*: Balanced Scorecard umsetzen, S. 80

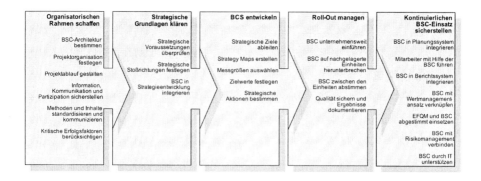

Abbildung 21 - Implementierungsphasen der BSC nach Horváth & Partners[114]

Organisatorischen Rahmen schaffen[115]

Zur Schaffung eines organisatorischen Rahmens für die Balanced Scorecard gehört nach Horváth & Partners die Bestimmung konzeptioneller Regeln, sowie des Rahmens der Projektarbeit nach den Regeln des Projektmanagements.

Unter die Bestimmung der BSC-Architektur fällt zum einen die Festlegung der Perspektiven. Dabei hat sich laut Horváth & Partners gezeigt, dass sich die Großzahl der deutschen Unternehmen auf die vier klassischen Perspektiven nach Kaplan/Norton beschränken, da diese in hohem Maße verständlich sind und alle wesentlichen Belange umfassen. Zur Architektur zählt weiterhin auch die Überlegung, für welche Organisationseinheiten und Unternehmensebenen Scorecards entwickelt werden sollen. Dabei gilt der Grundsatz: Je mehr Unternehmensebenen mit einer Balanced Scorecard strategisch gesteuert werden, desto besser können wichtige Ziele der oberen Ebene auf die nachfolgenden Ebenen heruntergebrochen werden.

Zu den Regeln eines erfolgreichen Projektmanagements gehören die Festlegung von Projektorganisation und -ablauf, sowie die Ausarbeitung eines Informations- und Kommunikationskonzepts, Methodenstandards und die Beachtung der kritischen Erfolgsfaktoren. Es ist zu klären, ob der unternehmensweiten Einführung der BSC

---

[114] *Horváth & Partners*: Balanced Scorecard umsetzen, S.82

[115] *Horváth & Partners:* Balanced Scorecard umsetzen, S. 83ff.

ein Pilotprojekt in der zweiten oder dritten Führungsebene vorangehen sollte, um die Zweckmäßigkeit des Konzepts generell zu testen.

Strategische Grundlagen klären[116]

Grundsätzlich ist die Balanced Scorecard ein Konzept zur Umsetzung vorhandener Strategien und nicht zu deren Entwicklung, deshalb sollte vor ihrer Einführung bereits eine klare Strategie definiert sein. Allerdings lässt sich die BSC auch als Bestandteil einer Strategieentwicklung und -implementierung einführen, wodurch die Scorecard-Ziele bereits in der Phase der Strategieentwicklung ausgewählt werden können. Zu beachten ist jedoch in jedem Fall, dass es nicht zu den Aufgaben des Implementierungsprojektes Balanced Scorecard gehört, eine strategische Stoßrichtung festzulegen, kritische Erfolgsfaktoren zu definieren oder Chancen-Risiken-, sowie Stärken-Schwächen-Analysen, wie in Abschnitt 6.1 Strategisches Management beschrieben, durchzuführen.

Balanced Scorecard entwickeln[117]

Nachdem nun der organisatorische Rahmen geschaffen ist und die strategischen Grundlagen geklärt sind, kann in der dritten Phase eine BSC entstehen. Zur Entwicklung der Balanced Scorecard gehört zum ersten die Ableitung und Selektion von insgesamt nur etwa 20 strategischen Zielen – nach dem Leitsatz „twenty is plenty" – von denen allerdings der Erfolg der Strategie nachhaltig abhängen muss. Die Ziele bilden den Kern der BSC, denn jede noch so gute Messgröße ist nutzlos, wenn das Ziel die Strategie nicht richtig beschreibt. Im nächsten Schritt werden die Ziele über Ursache-Wirkungsketten miteinander verknüpft, so dass sich ihre gegenseitige Wirkung in so genannten Strategy Maps darstellen lässt. Dadurch lässt sich auch veranschaulichen, wie monetäre und nicht monetäre Kennzahlen miteinander in Verbindung und vor allem in Abhängigkeit stehen. Den erarbeiteten Zielen werden Kennzahlen zugeordnet, die das Verhalten der Betroffenen in die richtige Richtung lenken sollen. Bis auf wenige Ausnahmen sind outputorientierte Messgrößen zu verwenden, deren Aufwand zur Erhebung in einem angemessenen Kosten-Nutzen-Verhältnis steht. Wichtig ist auch, dass sie durch die Verantwortlichen

---

[116] *Horváth & Partners*: Balanced Scorecard umsetzen, S. 87f.
[117] *Horváth & Partners*: Balanced Scorecard umsetzen, S. 88ff.

positiv beeinflussbar sind, d. h., dass durch vermehrte Anstrengung auch tendenziell eine Zielerreichung bewirkt wird.[118]

Auch hier gilt der Grundsatz „weniger ist mehr", so sollte im Idealfall jedem Ziel nur eine Kennzahl zugeordnet sein. Im Folgeschritt werden Vorgaben über die Zielwerte der Kennzahlen gemacht. Mit diesen konkreten Werten lässt sich der Grad der Zielerreichung messen. Geht der Zeitraum der Zielerreichung über ein Jahr hinaus, ist es sinnvoll sich etappenweise Jahresziele zu stecken. Realistische Größenordnungen der Zielwerte lassen sich aus Benchmarking, Befragungen, Vergangenheitswerten oder subjektiver Einschätzung ermitteln. Die Zielwerte sollen anspruchsvoll, ehrgeizig und trotzdem glaubhaft erreichbar sein.

Als letzter Schritt werden strategische Aktionen bestimmt, mit denen die Zielgrößen erreicht werden sollen. Bei der Bestimmung der Maßnahmen und Projekte zur Zielerreichung ist darauf zu achten, dass die erforderlichen Ressourcen ausreichen. In Phase 3 kommt es darauf an, den an der Erarbeitung Beteiligten das Konzept verständlich nahe zu bringen und es ihnen so zu verkaufen, dass sie von der Notwendigkeit der Implementierung selbst überzeugt sind und die erforderliche Eigeninitiative aufbringen.

Den Roll-Out managen[119]

In der Phase des Roll-Out werden strategische Ziele und Aktionen für die untergeordneten Organisationseinheiten auf operationale Größenordnungen heruntergebrochen (vertikaler Roll-Out), um damit die Ziele der Gesamtorganisation im operativen Geschäft besser realisieren zu können. Ferner werden die Ziele und strategische Maßnahmen von Organisationen gleicher Ebene aufeinander abgestimmt (horizontaler Roll-Out). Es entsteht eine Balanced Scorecard für das gesamte Unternehmen.

Bei der Implementierung für das gesamte Unternehmen liegt das Hauptaugenmerk auf der Begeisterung aller Mitarbeiter für das Konzept. Es muss erreicht werden,

---

[118] *Bodmer, Christian; Völker, Rainer:* Erfolgsfaktoren bei der Implementierung einer BSC, S. 481.

[119] *Horváth & Partners:* Balanced Scorecard umsetzen, S. 91f.

dass alle Organisationsmitglieder für die Veränderung bereit sind, indem sie auf den Erfolg der Balanced Scorecard vertrauen und damit das nötige Engagement und die notwendige Motivation entwickeln.

Kontinuierlichen Einsatz sicherstellen[120]

Da die Unternehmensstrategie und somit auch die Balanced Scorecard einer Dynamik unterworfen sind, ist die Implementierung mit der unternehmensweiten Einführung nicht beendet.

Wichtig ist vor allem, die Balanced Scorecard in das Management- und Steuerungssystem, sowie in das Planungssystem und das Berichtwesen zu integrieren. Dies gelingt nur durch ständiges Kommunizieren der Ergebnisse und die Vertiefung des Scorecard-Konzeptes in Workshops. Denn übergeordnetes Ziel der BSC ist die dauerhafte Verankerung einer strategiefokussierten Organisation, sprich einer Organisation, die sich an der Strategie ausrichtet und sich dieser konsequent anpasst.

Für das Monitoring der gewonnenen Daten stellt sich mit der Schaffung einer geeigneten IT-Unterstützung eine letzte, aber nicht minder wichtige Aufgabe dar. Die Schwierigkeit besteht darin, die Organisationsausrichtung an der Balanced Scorecard in den Köpfen der Mitarbeiter auf Dauer festzusetzen. Dazu ist es wichtig, dass durch wiederholte Workshops das System der Balanced Scorecard vertieft wird, um einen Rückfall in alte Verhaltensmuster zu verhindern. Ziel ist es, die Gesamtorganisation nicht nur dazu zu bringen, bewusst nach der BSC zu handeln, sondern der Übergang des Konzepts in Fleisch und Blut, wie der tägliche Gang zur Stempeluhr.

---

[120] *Horváth & Partners*: Balanced Scorecard umsetzen, S. 92f.

6.2.6 Umsetzungsprogramm

Handlungsfeld:	Wertorientiertes Management	
Implementierungsphase Fitnessprogramm		
Workshop	Basiskennzahlen	Definition geeigneter Kennzahlen zu - Ertragslage - Finanzlage - Vermögenslage
Projekt	Ermittlung des Unternehmenswertes	Anwendung der Ertragswertmethode, Multiplikatormethode, Discounted Cashflow Methode
Projekt	Erarbeitung einer Balanced Scorecard (BSC)	Einführung einer BSC - Organisatorischen Rahmen schaffen - Strategische Grundfragen klären - BSC entwickeln - Roll-Out managen - kontinuierlichen Einsatz sicherstellen
Aufrechterhaltung und Erfolgskontrolle		
Jahrestagung zur Unternehmensstrategie		Prüfung der Aktivitäten des vergangenen Jahres und Weiterentwicklung der Aktivitäten bzgl. Kennzahlen und Unternehmenswert
Operative Unternehmenssteuerung		Verfolgung der Kennzahlen und Definition steuernder Maßnahmen
Kontinuierlichen Einsatz der BSC sicherstellen		Anwendung der BSC im Unternehmen mittels Prozesskennzahlen sicherstellen

Aus der Erfahrung heraus, das in vielen KMU und Familienunternehmen, nur aufgrund der auf dem Bankkonto vorhandenen Liquidität agiert wird, ist dieses Handlungsfeld sehr bedeutend. Auftretende Liquiditätsprobleme im Unternehmen sind nach Erkenntnissen der Insolvenzforschung Symptome und nicht Ursachen unternehmerischer Schieflagen. Durch die Einführung der relativ einfach zu ermittelnden Kennzahlen und deren stetige Beobachtung in Kombination mit der Ermittlung des Unternehmenswertes und der Einführung der Balanced Scorecard, werden die Auswirkungen von Managemententscheidungen kurz-, mittel- und langfristig erkennbar. Die Qualität von Entscheidungen in KMU und Familienunternehmen wird somit nachhaltig verbessert.

6.3 Marktorientiertes Management

Thema	Gewichtung	Bewertung
Liegen Marktanalysen, Geschäftsfeldstrategien und operative Marktbearbeitungsstrategien für die einzelnen strategischen Geschäftsfelder vor?	10 %	
Liegen Produktlebenszyklusanalysen vor?	10 %	
Wurde eine Ansoff-Matrix erstellt?	10 %	
Ist eine 9-Felder-Analyse nach McKinsey durchgeführt worden?	10 %	
Wurde der Produktlebenszyklus in der ADL-Matrix analysiert?	10 %	
Ist ein BCG-Portfolio erstellt worden?	10 %	
Beinhaltet die Marktbearbeitungsstrategie Aussagen zur Preispolitik?	10 %	
Beinhaltet die Marktbearbeitungsstrategie Aussagen zur Produktpolitik?	10 %	
Beinhaltet die Marktbearbeitungsstrategie Aussagen zur Kommunikationspolitik?	10 %	
Beinhaltet die Marktbearbeitungsstrategie Aussagen zur Vertriebs-Distributionspolitik?	10 %	
Gesamt	**100 %**	

Unternehmen müssen profitable Produkt-Markt-Kombinationen erkennen, relevante Märkte identifizieren und die in ihnen wirkenden Marktkräfte verstehen, um Möglichkeiten und Trends der Gewinnerzielung zu entdecken und zu nutzen. Die Marketingtheorie und -praxis kennt eine Vielzahl strategischer Portfolioanalysen. Die im Folgenden vorgestellten Methoden gehören zu den klassischen Analyseansätzen im Marketing. Hierzu ist es notwendig, zunächst eine Marktanalyse durchzuführen und daraus geeignete Marktbearbeitungsstrategien abzuleiten.

Konkret heißt dies, Chancen nutzen und Stärken abschöpfen, Risiken begrenzen und Schwächen abbauen. Von zentraler Bedeutung, ist es zu erkennen, welche Wettbewerbsposition ein Unternehmen erreicht hat und wie diese Wettbewerbsposition zukünftig verändert werden muss. Im Zusammenhang mit der Planung von Geschäftsfeldstrategien besitzen die Portfolioanalysen eine hohe Bedeutung. Sie ermöglichen neben der Diagnose der Ist-Situation strategischer Wettbewerbspositionen auch die Ableitung von Normstrategien zur Erreichung zukünftiger Marktpositionen.

6.3.1 Produktlebenszyklus

Wirtschaftliche Rahmenbedingungen und Strategieänderungen der Wettbewerber können die Marktposition des eigenen Produkts schwächen. Um diesen Faktoren entgegenzuwirken und die Lebensdauer des Produkts zu verlängern, muss die Marketingstrategie den Veränderungen angepasst werden.[121]

Der Produktlebenszyklus zeichnet sich durch den Absatz-Mengen-Verlauf eines Produktes aus. In diesem Verlauf können die differierenden Phasen sichtbar gemacht werden, aus denen sich schließlich unterschiedliche Chancen und Risiken hinsichtlich der Strategie und des zu realisierenden Gewinnpotenzials ergeben. Der Produktlebenszyklus wird als S-förmige Kurve dargestellt, welche in die folgenden vier Phasen unterteilt wird.[122]

---

[121] *Kotler, Philip; Bliemel, Friedhelm:* Marketing-Management, S. 571
[122] *Kotler, Philip; Bliemel, Friedhelm:* Marketing-Management, S. 573f.

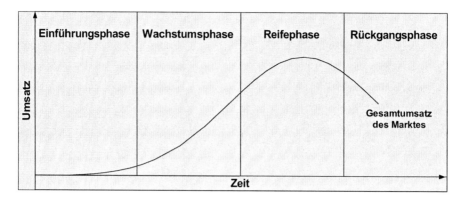

Abbildung 22 - Produktlebenszyklus-Phasen

In der folgenden Tabelle ist zusammengestellt, in welcher den einzelnen PLZ-Phasen Merkmale zugeordnet werden. Die Merkmale beziehen sich auf die Faktoren: Absatzvolumen, Kosten, Gewinne, Kunden und Konkurrenten.

	Einführung	Wachstum	Reife	Rückgang
Umsatz	Gering	Ansteigend	Spitzenabsatz	Rückläufig
Kosten/Kunde	Hoch	Durchschnittlich	Niedrig	Minimal
Gewinne	Niedrig	Steigend	Hoch	Fallend
Kunden	Innovatoren	Frühe Folger	Breite Mitte	Nachzügler
Konkurrenz	Keine bis wenig	Intensität zunehmend	Gleich bleibend bis abnehmend	Anzahl nimmt ab

Tabelle 11 - Produktlebenszyklus-Phasen[123]

Die Produktlebenszyklusphase ist ausschlaggebend für die Strategie, die für ein Produkt oder Geschäftsfeld zu empfehlen ist. Da in jeder Phase unterschiedliche Maßnahmen ergriffen werden müssen, um Wettbewerbsfähigkeit und Marktpositionierung zu sichern.

---

[123] *Kotler, Philip; Bliemel, Friedhelm:* Marketing-Management, S. 572

6.3.2 Ansoff-Matrix[124]

Igor Ansoff versuchte eine praktische Methode zur Fällung strategischer Entscheidungen zu liefern, wodurch das „Ansoff Model of Strategic Planning" entstand. Dieses Modell konzentriert sich auf die Produkte des Unternehmens und die Märkte, auf denen es seine Kunden findet. Durch die Gegenüberstellung von Produkten und Märkten, jeweils getrennt nach bestehend und neu, ergibt sich die so genannte Ansoff-Matrix mit ihren vier verschiedenen Wachstumsstrategien. Ansoff empfiehlt jeweils spezifische Strategien für neue und bestehende Märkte und Produkte.

		Produkte	
		Bestehend	Neu
Märkte	Neu	Marktentwicklung	Diversifikation
	Bestehend	Marktdurchdringung	Produktentwicklung

Abbildung 23 - Ansoff-Matrix

Marktdurchdringung: Das Unternehmen wächst mit vorhandenen Produkten in seinem aktuellen Marktsegment. Hierzu muss es in einem Verdrängungswettbewerb mit Konkurrenten seinen Marktanteil erhöhen.

Marktentwicklung: Unternehmenswachstum wird erzielt durch die Erschließung neuer Marktsegmente für die bereits vorhandenen Produkte.

Produktentwicklung: Das Unternehmen entwickelt neue Produkte für die bereits bestehenden Marktsegmente, in denen es tätig ist.

---

[124] *Pepels, Werner:* Marketing, S. 718

Diversifikation: Das Unternehmen entwickelt neue Produkte für neue Märkte.

6.3.3 Neun-Felder Portfolio nach McKinsey[125]

Durch die Grafik wird die Marktattraktivität gegenüber dem relativen Marktanteil aufgetragen. Das Neun-Felder Portfolio basiert ebenfalls auf der Grundidee des Produktlebenszyklus. Die Marktattraktivität kann mit Hilfe der Hauptkriterien Marktwachstum und Marktgröße, Marktqualität und Umweltsituation dargestellt werden.

Diese setzen sich wiederum aus verschiedenen Unterkriterien zusammen. Um die relativen Wettbewerbsvorteile mit Bezug auf den stärksten Wettbewerber zu bestimmen (Relativer Marktanteil), betrachtet man z. B. folgende Hauptkriterien:

- Relative Marktposition/Marktanteil
- Relatives Produktionspotenzial/Beratungspotenzial
- Relative Qualifikation der Führungskräfte und Mitarbeiter

---

[125] *Pepels, Werner:* Marketing, S. 734

Aus der Ist-Position des strategischen Geschäftsfeldes lassen sich auch hier nun so genannte Normstrategien ableiten.

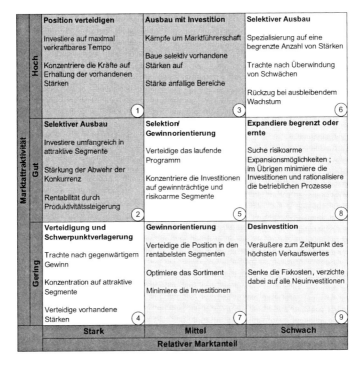

Abbildung 24 - Neun-Felder Portfolio

Das Portfolio ist in drei Gebiete unterteilt:

- Sind Investitions- und Wachstumsstrategien zu empfehlen (Feld 1-3), werden die strategischen Geschäftsbereiche durch eine mittlere bis hohe Marktattraktivität und durch mittlere bis hohe Wettbewerbsvorteile bestimmt.

- Für Geschäftsfelder im mittleren Bereich des Portfolios (Feld 4-6) werden selektive Strategien entwickelt.

- Für Geschäftsfelder mit niedriger bzw. mittlerer Marktattraktivität und kleinen bis mittleren Wettbewerbsvorteilen (Feld 7-9), werden Abschöpfungs- und Desinvestitionsstrategien angewendet.

Das Zielportfolio ist dann erreicht, wenn den Geschäftsfeldern im Investitionsbereich Geschäftsfelder im Abschöpfungsbereich gegenüber stehen.

6.3.4 Produktlebenszyklus nach Arthur D. Little[126]

Die Arthur D. Little-Matrix (ADL Matrix) setzt sich zusammen aus der relativen Marktposition bzw. einer vergleichbaren Kennzahl sowie der Bewertung der strategischen Geschäftsfelder bzw. ihrer Phase im Produktlebenszyklus.

Bei der Bewertung (Prognose) der Entwicklung eines Portfolios (oder Marktes) geht man in der Theorie von folgenden Grundannahmen aus:

1. Alle Preisänderungen des Marktes und ihre Ursachen sind voneinander unabhängig.
2. Im aktuellen Preis sind alle Informationen des Marktes komplett abgebildet
3. Die Kursschwankungen sind normalverteilt, d. h. sie werden von der Gauss-Kurve (Glockenkurve) beschrieben.

Die Einordnung des zu analysierenden Geschäftsfeldes in seinen Produktlebenszyklus ist bereits erfolgt. Für die Einordnung des Geschäftsfeldes in die ADL Matrix wird deshalb nun noch die Marktposition erörtert.

---

[126] http://de.wikipedia.org/wiki/Produktlebenszyklus, 27.9.2006

		Lebenszyklusphase			
		Entstehung	Wachstum	Reife	Alter
Wettbewerbsposition	dominant	Marktanteile hinzugewinnen oder mindestens halten	Investiere um Marktanteile zu verbessern Marktanteils- gewinnung	Position halten Wachstum mit der Branche	Position halten
	stark	Investiere um Position zu verbessern Intensive Marktanteils- gewinnung	Investiere um Position zu verbessern Marktanteils- gewinnung	Position halten Wachstum mit der Branche	Position halten oder ernten
	günstig	Selektive Marktanteils- gewinnung Verbesserung der Wettbewerbsposition	Versuchsweise Position verbessern Selektive Marktanteils gewinnung	Minimale Investition zur Haltung	Ernten oder stufenweise Reduzierung des Engagements
	haltbar	Selektive Verbesserung der Wettbewerbsposition	Aufsuchen einer Nische	Aufsuchen einer Nische oder stufenweise Reduzierung des Engagements	Stufenweise Reduzierung des Engagements oder Liquidation
	schwach	Starke Verbesserung oder Aufhören	Starke Verbesserung oder Liquidieren		

Abbildung 25 - ADL Matrix

6.3.5 BCG Portfolio[127]

Wie Abbildung zeigt, analysiert das Produktportfolio strategische Geschäftsfelder anhand des erzielten relativen Marktanteils sowie des dazugehörigen Marktwachstums. Die Größe der Kreisflächen entspricht dem jeweiligen Umsatzbeitrag des SGFs. Das Management eines Unternehmens kann auf Basis der BCG-Matrix zu drei wesentlichen Erkenntnissen kommen.

---

[127] *Pepels, Werner:* Marketing, S. 724

- Zunächst lässt sich die strategische Situation der Geschäftsfelder erkennen und analysieren. So sind Stars Geschäftsfelder, die durch eine hohe Marktattraktivität und eine starke Wettbewerbsposition ausgezeichnet sind.

- Zum zweiten können Schlussfolgerungen über den Finanzbedarf und Cashflow der SGFs abgeleitet werden. So dienen Cash Cows als die wichtigste Finanzquelle eines Unternehmens, da aufgrund des hohen Marktanteils bedeutende Finanzmittel erwirtschaftet werden können.

- Zum Dritten können auf Basis der Positionierung Normstrategien für die Formulierung strategischer Maßnahmen herangezogen werden.

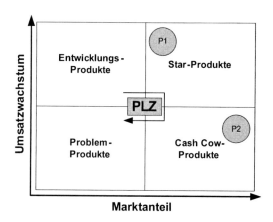

Abbildung 26 - Boston Consulting Group Portfolio

Die **Problem-Produkte** (mit Einführung oder am Ende ihres Produktlebenszyklus) sind die armen Hunde des Managements. Sie haben (erst/nur noch) ein geringes Marktwachstum, manchmal sogar einen Marktschwund und einen geringen Marktanteil. Zusätzlich entsteht sogar die Gefahr der Etablierung des Verlustbringers, daher sollte das Portfolio bereinigt werden. Die Normstrategie sieht hier Innovation oder Eliminierung vor.

Die **Entwicklungs-Produkte**, auch Nachwuchsprodukte genannt, sind die Newcomer unter den Produkten. Sie haben ein gewisses Wachstumspotenzial, allerdings nur geringe Marktanteile. Das Management steht vor der Frage, ob es investieren oder das Produkt aufgeben soll.

Die **Star-Produkte** sind die Ertragsbringer des Unternehmens. Sie haben nicht nur einen hohen Marktanteil, sondern auch ein hohes Marktwachstum. Sie befinden sich in einem stark wachsenden Segment und sollten möglichst lange "Stars" bleiben. In sie muss daher investiert werden, um das Wachstum zu nutzen.

Die **Cash Cow Produkte**, zu Deutsch Melkkühe, haben den größten Marktanteil, jedoch ein geringes Marktwachstum. Sie sind Spitzenreiter im Cashflow und sollten ohne weitere Investitionen "gemolken" werden. Die Normstrategie lautet: Position halten und Erträge abschöpfen.

6.3.6 Umsetzungsprogramm

Handlungsfeld:	Marktorientiertes Management	
Implementierungsphase Fitnessprogramm		
Interview	Unternehmensanalyse	SWOT-Analyse
Interview	Marktanalyse	- Five Forces nach Porter
Interview	Analyse der Strategischen Geschäftsfelder	- Produktlebenszyklus - Ansoff-Matrix - McKinseys-9-Felder Portfolio - Produktlebenszyklus ADL-Matrix - BCG Portfolio
Workshop	Auswertung der Analysen	Ableitung einer Marktbearbeitungsstrategie mit - Preispolitik - Produktpolitik - Kommunikationspolitik - Vertriebs-/Distributionspolitik
Aufrechterhaltung und Erfolgskontrolle		
Jahrestagung zum Marktorientierten Management		Prüfung der Aktivitäten des vergangenen Jahres und Weiterentwicklung der Marktbearbeitungsstrategie inkl. Definition von Vertriebs-Projekten
Operative Unternehmenssteuerung		Verfolgung der Vertriebsaktivitäten mittels Produkt- und Vertriebskennzahlen und Ableitung von Maßnahmen

Fehlende Informationen über Marktentwicklungen, Produktlebenszyklen, Wettbewerbskräfte und die mangelnde Qualifikation von Führungskräften bzgl. Unternehmensführung, führen zu der Bedeutung des Handlungsfeldes Marktorientiertes Management. Nur wenn klar ist, auf welchen Märkten mit welchen Produkten nachhaltig Erträge erwirtschaftet werden können, kann die gesamte Organisation entsprechend ausgerichtet werden.

6.4 Personalmanagement

Thema	Gewichtung	Bewertung
Liegt eine quantitative Personalbedarfsplanung vor?	10 %	
Liegt eine qualitative Personalbedarfsplanung vor?	10 %	
Wird die Personalbeschaffung systematisch durchgeführt?	10 %	
Wird systematische Personalentwicklung betrieben?	10 %	
Wird der Personaleinsatz sinnvoll geplant?	10 %	
- aufgabenorientierte versus idiosynkratische Stellenbildung	10 %	
- Länge und Lage der Arbeitszeiten	10 %	
- Anwendung verschiedener flexibler Arbeitszeitmodelle	10 %	
Liegt ein Konzept zur Personalentlohnung vor?	10 %	
Wird systematisch die Personalführung mit einem Führungskonzept weiterentwickelt?	10 %	
Gesamt	**100 %**	

Ausgangspunkt für alle Fragen des Personalmanagements bildet der Personalbedarf. Ausgehend von dem Bedarf wird Personal beschafft und im Weiteren entsprechend den Anforderungen entwickelt und ggf. wieder freigesetzt. Fragen des Personaleinsatzes betreffen die Gestaltung der Arbeitsinhalte und der Arbeitsplätze sowie der Arbeitszeiten. Ein weiteres Thema ist die Personalentlohnung mit den Fragen nach der Entgeltform und Entgelthöhe. Eine geeignete und zielführende Personalführung entscheidet letztlich über den Erfolg oder Misserfolg des Personalmanagements.[128]

---

[128] *De Kok, Jan; Uhlaner, Loraine M.Thurik, A. Roy:* Professional HRM practices in family owned-managed enterprises, S. 441-460

6.4.1 Personalbedarfsplanung

Die Personalbedarfsplanung dient der Sicherstellung des erforderlichen Soll-Personalbestandes. Ergibt sich aus dem Vergleich mit dem Ist-Personalbestand ein Personalbedarf, so greift die Personalbeschaffung. Hierbei werden die verschiedenen Dimensionen des Personalbedarfs unterschieden:

- Anzahl der benötigten Mitarbeiter (quantitativer Bedarf)
- Qualifikation der benötigten Mitarbeiter (qualitativer Bedarf)
- Zeitpunkt und Dauer der benötigten Mitarbeiter (zeitliche Dimension)
- Ort, an dem die Mitarbeiter benötigt werden (räumliche Dimension)

Bedeutung haben jedoch nur die ersten beiden Faktoren, da die beiden anderen Dimensionen als Nebenbedingungen eingehen.[129]

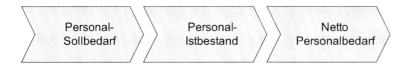

6.4.1.1 Quantitative Soll-Personalbedarfsplanung

Wesentliches Ziel der quantitativen Personalbedarfsplanung ist die Bestimmung der Anzahl benötigter Mitarbeiter, die zur Realisierung der angestrebten Unternehmensziele notwendig sind. Hierbei gibt es eine Reihe Zielkonflikte zu beachten:

- Ausweisung des geringst möglichen Personalbedarfs zur Erhöhung der Wirtschaftlichkeit
- Leistungssicherung zur Vermeidung von Kapazitätsengpässen
- Anpassungsfähigkeit an Veränderungen im Umfeld zur Vermeidung von Personalüberhängen
- Angemessene und gleichmäßige Arbeitsbelastung für die Mitarbeiter zur Vermeidung von Ausfällen

---

[129] *Holtbrügge, Dirk:* Personalmanagement, S. 74

Die Ermittlung des quantitativen Personalbedarfs kann mit summarischen Methoden und mit analytischen Methoden geschehen.

Summarische Methoden der Bestimmung des Personalbedarfs arbeiten mit globalen und relativ einfachen Schätzzahlen. Konzeptionelle Schlüsselzahlen werden insbesondere für personenbezogene Dienstleistungen z. B. in der Krankenpflege vorgegeben. Zu den summarischen Methoden gehören die statistischen Methoden, die davon ausgehen, dass bestimmte Leistungskenngrößen den Personalbedarf bestimmen und die Methode des Analogieschlusses. Hier werden vergleichbare Unternehmen gesucht und aus deren Personalstärken auf den eigenen Personalbedarf geschlossen.

Analytische Methoden basieren auf stellenbezogenen Personalplanungen. Deren Grundlage sind detaillierte Aufgaben- und Zeitstudien. Bei der Messung von Zeiten für einzelne Arbeitsvorgänge ergibt sich das Problem, dass diese sowohl von dem eingesetztem Messverfahren sowie von externen Faktoren wie z. B. individuelle Unterschiede, Lerneffekte, Leistungsschwankungen sowie unterschiedliche Arbeitsqualitäten nicht oder nur eingeschränkt berücksichtigt werden können. Selbstaufschreibungen sind die am meisten akzeptierte Form der Arbeitsanalyse. Sie bergen jedoch die Gefahr der Manipulation und stellen eine nicht zu unterschätzende Mehrbelastung für die Mitarbeiter dar, wodurch die Ergebnisse verfälscht werden können.

Der quantitative Personalbedarf lässt sich mit den beschriebenen Methoden grob, jedoch nicht objektiv und exakt ermitteln. Die summarischen Verfahren arbeiten mit relativ allgemeinen Schätz- und Richtwerten. Die analytischen Verfahren sind zwar exakter, jedoch auch zeit- und kostenaufwendiger. Ein weiterer Nachteil besteht in der Beschränkung auf Routinetätigkeiten. Geistig-schöpferische und dispositive Tätigkeiten entziehen sich der exakten Bemessung, so dass die Zuverlässigkeit und Exaktheit der analytischen Personalbedarfsmessung mit steigender Hierarchieebene abnimmt.[130]

---

[130] *Holtbrügge, Dirk:* Personalmanagement, S. 80

6.4.1.2 Qualitative Soll-Personalbedarfsplanung

Die qualitative Personalbedarfsplanung hat das Ziel, die Anforderungen der zur Realisierung der Unternehmensziele erforderlichen Stellen zu ermitteln und mit den bestehenden Qualifikationen der Mitarbeiter zu vergleichen und eventuelle Entwicklungslücken aufzuzeigen. Dazu muss das Qualifikations-Soll, d. h. die gegenwärtigen und zukünftigen Anforderungen, die eine Stelle an einen Mitarbeiter stellt, ermittelt werden (Anforderungsprofil). In einem zweiten Schritt werden anhand derselben Kriterien die Qualifikationen der Mitarbeiter und deren Eignung beurteilt, die gestellten Arbeitsanforderungen gegenwärtig und zukünftig zu erfüllen (Eignungsprofil). In einem dritten Schritt wird das Anforderungsprofil der Stelle dem Eignungsprofil des Mitarbeiters gegenübergestellt. Daraus ergeben sich individuelle Maßnahmen der Personalentwicklung.[131]

6.4.1.3 Interaktive Personalbedarfsplanung

Die Aufgabe der Personalbedarfsplanung besteht darin, den Personalbedarf im Rahmen der Strategieimplementierung zu bestimmen und Unter- bzw. Überdeckungen aufzuzeigen. Dabei wird implizit davon ausgegangen, dass das benötigte Personal unmittelbar und unbegrenzt zur Verfügung steht. Dies ist jedoch in der Praxis nicht der Fall, so dass die Personalbedarfsplanung und -deckung oft mit Verspätung auf Veränderungen im Unternehmen reagieren. Dies erfordert kurzfristige und krisenhafte Anpassungsmaßnahmen, die zu hohen Kosten und zur Unzufriedenheit von Mitarbeitern führen.

Der Extremform des strategiederivaten Personalmanagements steht das ressourcenorientierte strategieinduzierte Personalmanagement gegenüber. Hierbei werden hoch qualifizierte Mitarbeiter rekrutiert, um anschließend Aufgaben für diese Mitarbeiter zu definieren bzw. durch diese selbst definieren zu lassen.

Ein praxisnaher Kompromiss dieser beiden Extremformen stellt die interaktive Personalplanung dar. Die Grundidee ist es, die marktorientierte Unternehmensplanung mit der ressourcenorientierten Personalplanung zu kombinieren. Strategische Überlegungen werden vor dem Hintergrund der zur Verfügung stehen

---

[131] *Holtbrügge, Dirk:* Personalmanagement, S. 83

personellen Ressourcen durchgeführt und personelle Konsequenzen geprüft. Mitarbeiter werden so auf technologisch-organisatorische Innovationen vorbereitet, deren Widerstände gegen Veränderungen reduziert und realistische Strategien erarbeitet.[132]

6.4.2 Personalbeschaffung

Der durch die Personalbedarfsplanung ermittelte Netto-Personalbedarf in quantitativer, qualitativer, zeitlicher und räumlicher Hinsicht bildet den Ausgangspunkt der Personalbeschaffung. Im Rahmen der Personalwerbung wird entschieden, wie und wo ein benötigter Mitarbeiter beschafft werden soll. Die Bewerberauswahl behandelt die Identifikation und Auswahl der richtigen Mitarbeiter. Die Bedeutung der Tätigkeiten hängt von der Arbeitsmarktlage ab. Eine dritte Teilaufgabe ist die Personaleinstellung.

6.4.2.1 Personalwerbung

Personalwerbung oder auch -marketing hat zum Ziel, potenzielle Bewerber auf die zu besetzende Stelle aufmerksam zu machen und eine angemessene Anzahl Personen zur Bewerbung zu veranlassen. Hierzu können verschiedene Wege genutzt werden:

- Innerbetriebliche Stellenausschreibungen
- Stellenanzeigen in Zeitungen und Zeitschriften
- Bundesagentur für Arbeit
- Hochschulmarketing
- Personalvermittler
- Initiativbewerbungen
- Personalleasing
- Electronic Recruting

Gerade in KMU sollten möglichst unterschiedliche Wege und kreative Methoden der Personalwerbung eingesetzt werden. Aufgrund der geringeren Größe und Bekanntheit der KMU und Familienunternehmen ist die Zahl der Initiativbewerbungen eher geringer als bei größeren Unternehmen.

---

[132] *Holtbrügge, Dirk:* Personalmanagement, S. 84

6.4.2.2 Bewerberauswahl

Ziel der Bewerberauswahl ist es, den Bewerber, dessen Eignungsprofil am besten mit dem Anforderungsprofil der Stelle übereinstimmt, zu finden. Die Eignungsdiagnose beginnt dabei mit der Analyse der schriftlichen Bewerbungsunterlagen. Die Schul-, Abschluss- und Arbeitszeugnisse geben einen ersten wichtigen Eindruck vom Bewerber und dessen Fähigkeiten und Kompetenzen. Diese Analyse sollte systematisch mittels Checklisten durchgeführt werden.

Mit einer kleineren Zahl von potenziell geeigneten Bewerbern werden Einstellungsgespräche geführt. Diese dienen dazu einen persönlichen Eindruck von dem Bewerber zu bekommen, die in den Bewerbungsunterlagen gemachten Aussagen zu überprüfen und fehlende Daten zu ermitteln. Man unterscheidet freie, halb-strukturierte und strukturierte Interviews. Bei strukturierten Interviews beantworten alle Bewerber die gleichen Fragen im Gegensatz zu freien Interviews, bei denen unterschiedliche Themen bei den Bewerbern behandelt werden. Halb-strukturierte Interviews sind eine Mischform, bei dem der Bewerber sowohl freie und vorstrukturierte Fragen beantwortet.

Weitere Formen, die jedoch in KMU und Familienunternehmen eher selten zur Anwendung kommen, sind:

- Gruppeninterviews, bei denen mehrere Bewerber gleichzeitig befragt werden,
- Stressinterviews, in denen die psychische Belastungsfähigkeit geprüft wird und
- Tiefeninterviews zur Aufdeckung von Einstellungen, Werten und Motiven mittels psychoanalytischer Methoden.

6.4.2.3 Personaleinstellung

Die dritte und letzte Phase der Personalwerbung bildet die Personaleinstellung. Wichtige Inhalte sind der Abschluss des Arbeitsvertrages und die fachliche und soziale Integration des neuen Mitarbeiters. Somit sind wichtige Arbeitsdokumente:

- Abschluss des Arbeitsvertrages
- Informations-, Orientierungs- oder Einarbeitungsplan
- Mentoren- oder Patensystem

6.4.3 Personalentwicklung

Gegenstand der Personalentwicklung bilden alle planmäßigen und zielgerichteten Maßnahmen der Aus- und Weiterbildung, die der individuellen beruflichen Förderung und Entwicklung der Mitarbeiter dienen, und diesen unter Beachtung der persönlichen Interessen und Bedürfnisse die zur Wahrnehmung ihrer gegenwärtigen und zukünftigen Aufgaben notwendigen Qualifikationen vermitteln.[133] Die Personalentwicklung beinhaltet sowohl die Vermittlung, Erweiterung und Vertiefung von Fachwissen, Fähigkeiten und Einstellungen als auch deren Umsetzung in Verhalten. Dabei umfasst die Personalentwicklung Mitarbeiter aller Hierarchiestufen.

---

[133] *Holtbrügge, Dirk:* Personalmanagement, S. 102

Im Rahmen der Personalentwicklung wird ein breites Spektrum an Inhalten vermittelt, wobei sich drei methodische Ebenen unterscheiden lassen:

Vermittlung von **Fachwissen** (knowledge)	- Wissen über die Unternehmung (z. B. Produkte, Prozesse) und ihrer Umwelt (z. B. Zulieferer, Wettbewerber, Kunden) - Kenntnisse betriebswirtschaftlicher und technischer Funktionen, Prozesse und Methoden
Erweiterung von **Fähigkeiten** (skills)	- Methodische Fähigkeiten, d. h. Anwendung von Methoden und Techniken auf praktische Probleme - Analytische Fähigkeiten (z. B. konzeptionelles Denken, Organisationsfähigkeiten, Auffassungsvermögen, Kritikfähigkeit) - Soziale Fähigkeiten, d. h. die Fähigkeit, Ideen und Gefühle zu kommunizieren, effizient in Gruppen zu arbeiten sowie Mitarbeiter zu motivieren und zu führen - Interkulturelle Kompetenz, d. h. die Fähigkeit zur effizienten Kommunikation und Interaktion anderer Kulturen
Bildung von neuen **Einstellungen** (attitudes)	- Abweichende Meinungen und Ansichten respektieren, Toleranz, permanentes Lernen, in größeren zeitlichen und räumlichen Dimensionen denken, Offenheit gegenüber neuen Erkenntnissen und sozialem Wandel

Tabelle 12 - Inhalte der Personalentwicklung[134]

---

[134] *Holtbrügge, Dirk:* Personalmanagement, S. 105

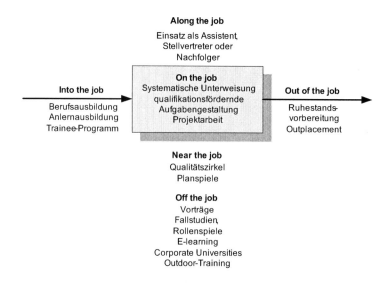

Abbildung 27 - Methoden der Personalentwicklung[135]

6.4.3.1 Into the Job

Zu den wichtigsten Methoden des Trainings Into the Job zählt die Berufsausbildung. In der dualen Ausbildungsform, in der die praktische Ausbildung vor Ort im Betrieb und die theoretisch fachliche Ausbildung in der Berufsschule durchgeführt werden, erlernt der Auszubildende systematisch die Fähigkeiten und Kenntnisse in einem staatlich anerkannten Ausbildungsberuf.

Hochschulabsolventen, die zum ersten Mal eine berufliche Tätigkeit übernehmen, absolvieren in vielen Unternehmen ein Trainee-Programm zur systematischen Einarbeitung. Trainee-Programme dauern zwischen sechs und 24 Monaten und können abteilungsintern oder abteilungsübergreifend organisiert sein.[136]

6.4.3.2 On the job

Mitarbeiter, die bereits über eine Berufsausbildung und Berufserfahrung verfügen, werden On the job für die neue Aufgabe unterwiesen. Hierbei lernen die Mitarbeiter unter Anleitung berufserfahrener Kollegen die neue Aufgaben kennen. Wichtige weitere Methoden der qualifikationsfördernden Aufgabengestaltung sind das job

---

[135] *Holtbrügge, Dirk:* Personalmanagement, S. 106

[136] *Holtbrügge, Dirk:* Personalmanagement, S. 106

enlargement, job enrichment und job rotation (siehe Abbildung). Deren Ziel ist die Erweiterung des Handlungs- und Entscheidungsspielraums durch schrittweises und systematisches Hinzufügen neuartiger und zum Teil höherwertiger Aufgaben.

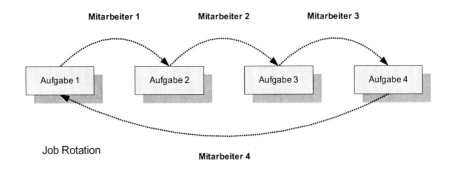

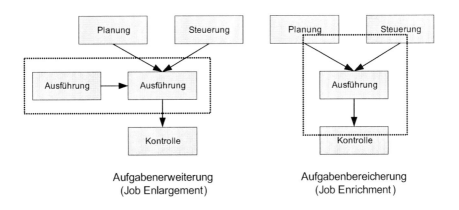

Abbildung 28 - Job Rotation, Job Enlargement und Job Enrichment[137]

Auf der Ebene des Individuums setzt die Methode der Projektarbeit an. In Projektgruppen werden Mitarbeiter mit der Lösung einer zeitlich abgeschlossenen und exakt definierten Fragestellung betraut. Neben der Entwicklung sozialer Fähigkeiten steht die Bildung neuer Einstellungen im Vordergrund.[138]

---

[137] *Holtbrügge, Dirk:* Personalmanagement, S. 123

[138] *Holtbrügge, Dirk:* Personalmanagement, S. 107

6.4.3.3 Near the job

Bei dieser Methode stehen nicht die eigentliche Arbeitsaufgabe, sondern zeitlich befristete Sonderaufgaben im Mittelpunkt, die ebenfalls wie bei der Projektarbeit in Arbeitsgruppen gelöst werden. Als Beispiele können Methoden wie Qualitätszirkel und Unternehmens-Planspiele genannt werden. Bei Qualitätszirkeln wird neben der Personalentwicklung auch die Organisationsentwicklung, d. h. die Erarbeitung und Umsetzung von Verbesserungsvorschlägen angestrebt. [139]

6.4.3.4 Along the job

Als Personalentwicklung Along the job werden der Einsatz als Stellvertreter, Nachfolger oder Assistent bezeichnet. Durch die vorübergehende bzw. schrittweise Übernahme der Arbeitsaufgaben von Stellen höherer hierarchischer Ebenen sollen Mitarbeiter Einblick in qualitativ anspruchsvollere Tätigkeiten gewinnen und dadurch auf die Übernahme von Führungsaufgaben vorbereitet werden.[140]

6.4.3.5 Off the job

Die wichtigste Methode der Personalentwicklung Off the job sind Fachvorträge, in denen meist spezielle Fachinhalte durch Experten in komprimierter und abstrakter Form vermittelt werden. Im Gegensatz zu dieser theoretisch-deduktiven Vorgehensweise der Vermittlung von Inhalten steht die empirisch-induktive Bearbeitung von Fallstudien. Dabei wird ein reales oder fiktives unternehmerisches Problem allein oder in Gruppen bearbeitet.

Zu diesen Methoden zählen weiterhin Computer based trainings und Web based trainings, in denen die zu vermittelnden Inhalte multimedial aufbereitet auf elektronischen Medien bereitgestellt werden. Neben vielen Vorteilen, z. B. der Unabhängigkeit von Zeit und Raum, haben diese Trainings jedoch den gravierenden Nachteil, dass sie alleine durchgeführt werden. Es lassen sich durch die fehlende soziale Interaktion schwer komplexe Sachverhalte vermitteln, und es werden keine sozialen Kompetenzen trainiert.

---

[139] *Holtbrügge, Dirk:* Personalmanagement, S. 107

[140] *Holtbrügge, Dirk:* Personalmanagement, S. 108

Eine weitere Methode der Off the job Personalentwicklung, in der Regel bei größeren Unternehmen, sind Corporate Universities. Deren Ziel besteht darin, Lerninhalte auf die konkreten Bedürfnisse des Unternehmens auszurichten und unternehmensspezifisches Wissen zu vermitteln. Neben der Einbeziehung von Fach- und Führungskräften als Lehrende ist der wesentliche Vorteil, dass Lerninhalte nicht einzeln nebeneinander stehen, sondern in einem Curriculum systematisch eingebunden werden.

Outdoor-Trainings dienen vor allem dazu, die sozialen Fähigkeiten von Mitarbeitern zu verbessern sowie deren Einstellung gegenüber der Zusammenarbeit mit anderen Mitarbeitern zu verändern. Dazu werden Natursportarten ausgeübt (z. B. Bergsteigen, Klettern, Kanutouren, Segeln) und verschiedene Problemlösungs-, Initiativ-, und Vertrauensübungen durchgeführt. Ziel ist es Grenzerfahrungen zu sammeln, die nur im Team gelöst werden können.[141]

6.4.3.6 Out of the job

Methoden, die unter die Kategorie Out of the job fallen sind Ruhestandsvorbereitungen sowie Outplacement. Während sich Ruhestandsvorbereitung an ältere Mitarbeiter wendet, die kurz vor der Pensionierung stehen, werden gekündigte Mitarbeiter im Rahmen des Outplacements z. B. durch Bewerbungstrainings bei der Suche nach neuen Arbeitgebern unterstützt.[142]

6.4.4 Personaleinsatz

Die Grundlage für die Gestaltung von Arbeitsinhalten bildet die Gesamtaufgabe eines Unternehmens bzw. einer Abteilung. Diese kann grundsätzlich nach qualitativen oder quantitativen Gesichtspunkten in Teilaufgaben gegliedert werden. Das Ziel dieser Aufgabenteilung ist die effiziente Bildung von Stellen. Derzeit verlieren jedoch aufgrund der Nachfrage nach individuellen Gütern und Dienstleistungen sowie sich schnell ändernder Marktanforderungen die Vorteile der Spezialisierung an Gewicht. In vielen Unternehmen und Branchen ist derzeit ein eher abnehmender

---

[141] *Holtbrügge, Dirk:* Personalmanagement, S. 109
[142] *Holtbrügge, Dirk:* Personalmanagement, S. 111

Spezialisierungsgrad zu beobachten, der sowohl durch individuumsorientierte als auch gruppenorientierte Instrumente der Aufgabenteilung realisiert werden kann.

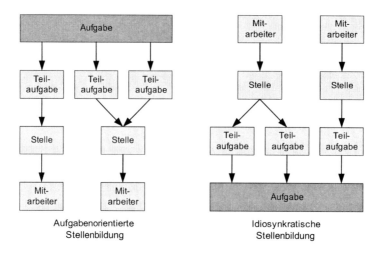

Abbildung 29 - Aufgabenorientierte und idiosynkratische Stellenbildung[143]

Aufgabenbezogene Stellenbildung ist dabei die synthetische Zusammenfassung von Teilaufgaben zu einer Stelle. Diese klassische Form der Stellenbildung ermöglicht es Unternehmen, ihre internen Kommunikationswege und Kompetenzstrukturen personenunabhängig nach primär funktionalen Erfordernissen zu organisieren. Dem Ansatz der idiosynkratischen bzw. personenbezogenen Stellenbildung liegt dagegen das entgegengesetzte Prinzip zugrunde, Stellen entsprechend persönlicher Neigung und Qualifikationspotenziale zu bilden bzw. durch den Stelleninhaber eigenständig entwickeln zu lassen. Untersuchungen zeigen, dass idiosynkratische Stellenbildung in innovativen kleinen und mittleren Unternehmen genutzt wird. In allen anderen Unternehmen ergeben sich Idiosynkratisierungstendenzen eher langfristig und indirekt durch Ausfüllung von gewährten Ermessensspielräumen.[144]

Weiterhin sind die Gestaltung des Arbeitsplatzes, d. h. die zur Verfügung stehenden Arbeitsmittel, die Arbeitsumgebung und der Arbeitsort zu betrachten. Ziel ist es,

---

[143] *Holtbrügge, Dirk:* Personalmanagement, S. 131

[144] *Holtbrügge, Dirk:* Personalmanagement, S. 131

durch eine geeignete Gestaltung der Arbeitsplätze, körperliche und psychische Belastungen sowie negative Umwelteinflüsse durch Klima, Schall, mechanische Schwingungen, Schadstoffe, Beleuchtung und Farben zu reduzieren, um eine möglichst hohe Leistungsbereitschaft und Leistungsfähigkeit sicherzustellen. Problematisch an den von der Arbeitswissenschaft ermittelten Kriterien ist, dass diese überwiegend auf naturwissenschaftlichen Analysen basieren und psychologischen wie sozialen Aspekten eine untergeordnete Bedeutung zumessen. Arbeitszufriedenheit hängt oftmals nicht von der beeinträchtigungsfreien und erträglichen Arbeitsgestaltung ab. So ist es denkbar, dass für einen Mitarbeiter „ein hohes Einkommen jetzt" wichtiger als „später auftretende Gesundheitsschäden" sind, so dass er Akkordlohn, Schichtarbeit, Terminhetze, Lärmzulagen etc. in Kauf nimmt.[145]

Die Arbeitszeit, d. h. Länge, Lage und die Arbeitspausen beeinflussen die Arbeitszufriedenheit der Mitarbeiter und die Gesamtleistung des Unternehmens.[146] In Deutschland wird die Arbeitszeit durch das Arbeitszeitgesetz geregelt. Demnach sind werktäglich regelmäßig acht und bis zu zehn Stunden Arbeit möglich, wenn diese Mehrarbeit in einem definierten Zeitraum ausgeglichen wird. Die Wochenarbeitszeit beträgt in der Regel zwischen 37,5 und 40 Stunden, wobei hier eine Individualisierung auf Unternehmensebene zu beobachten ist.

Die Arbeitsleistung und -zufriedenheit wird nicht nur durch die Länge, sondern auch durch die Lage der Arbeitszeit bestimmt. Empirische Untersuchungen zeigen, dass die Leistungsfähigkeit und die Unfallhäufigkeit während des Tages stark schwanken. So ist bei der Schichtarbeit die Durchschnittsleistung der Nachtschicht deutlich geringer als bei der Früh- und Spätschicht. Die Schwankungen in der Leistungsfähigkeit sind jedoch nicht bei allen Mitarbeitern gleich ausgeprägt, sondern hängen von individuellen Faktoren ab. Diesen individuellen Bedürfnissen stehen auf der anderen Seite die Ziele der Unternehmung gegenüber, die Arbeitszeiten an die Nachfrage anzupassen. Insbesondere bei einer kapitalintensiven Produktion wird

---

[145] *Holtbrügge, Dirk:* Personalmanagement, S. 133

[146] *Holtbrügge, Dirk:* Personalmanagement, S. 119

eine möglichst gleichmäßig hohe Auslastung der Produktionsanlagen rund um die Uhr angestrebt.

Flexible Arbeitszeitgestaltung ist gekennzeichnet durch ein hohes Maß an Beweglichkeit und der Entkoppelung der Anwesenheitszeit des Mitarbeiters und Betriebszeit des Unternehmens. Aus Sicht des Unternehmens können damit optimal Nachfrageschwankungen ausgeglichen und das Ziel der hohen Produktivität erreicht werden. Hier gibt es unterschiedliche Formen der Arbeitszeitgestaltung:

- Schichtarbeit
- Gleitende Arbeitszeit
- Kapazitätsorientierte variable Arbeitszeit
- Teilzeitarbeit
- Altersteilzeit
- Job-Sharing
- Sabbatical
- Vertrauensarbeitszeit

6.4.5 Personalentlohnung

In der Gestaltung der unternehmerischen Entgeltpolitik muss nicht nur deren Leistungs- und Zufriedenheitswirkung berücksichtigt werden, sondern auch sichergestellt werden, dass die von den Mitarbeitern erbrachte Leistung einen positiven Beitrag zur Implementierung der Unternehmensstrategie leistet. Wenn die Unternehmung z. B. die Strategie der Kostenführerschaft anstrebt, dann sollte das Entlohnungssystem eine leistungsbezogene Komponente zur Unterstützung der Strategie beinhalten.

Die Sicherstellung von Entgeltgerechtigkeit ist neben den arbeitsrechtlichen Anforderungen auch aus motivatorischer Sicht von großer Bedeutung. Häufig liegen der Entgeltdifferenzierung tarifrechtliche Vorgaben zugrunde. Unterschieden werden muss, zwischen:

- Anforderungsabhängiger Entgeltdifferenzierung, d. h. die Höhe des Arbeitsentgelts hängt ausschließlich von den Anforderungen an die Arbeitsaufgabe ab, und individuelle Leistungsunterschiede haben keinen Einfluss auf die Höhe des Entgeltes.

- Leistungsabhängiger Entgeltdifferenzierung, d. h. unterschiedliche individuelle Leistungsgrade von Mitarbeitern haben direkten Einfluss auf die Höhe des Arbeitsentgeltes. Angewandte Modelle sind hier z. B. Akkord- und Stücklohn, Prämienlohn und Leistungszulagen.

- Erfolgsabhängige Entgeltdifferenzierung, d. h. das Ergebnis des Wertschöpfungsprozesses wird anhand von monetären und nicht-monetären Erfolgsgrößen bewertet, um Ertrags- oder Gewinnbeteiligungen als Entgeltbestandteil zu zahlen. Der Unternehmenswert als Bezugsgröße der Unternehmensgestaltung hat in den letzten Jahren im Rahmen von Shareholder Value Ansätzen eine große Bedeutung erlangt. In letzter Zeit werden verstärkt strategische Erfolgskriterien (Unternehmens-, Bereichs-, Mitarbeiterziele) angewandt.

- Qualifikationsabhängige Entgeltdifferenzierung, d. h. die Einstufung des Mitarbeiters erfolgt anhand der Qualifikationen. Der Anreiz zur stetigen Weiterbildung für die Mitarbeiter hat langfristig eine leistungssteigernde und somit ertragssteigernde Wirkung für das Unternehmen.

- Statusabhängige Entgeltdifferenzierung (Senioritätsentlohnung), d. h. der berufliche und private Status wird zur Differentzierung des Entgelts benutzt. Dieser Entgeltdifferenzierung liegt die Annahme zugrunde, dass Mitarbeiter, die länger im Unternehmen sind, eine höhere Arbeitsleistung erbringen. Diese Form der Entgeltdifferenzierung wird im öffentlichen Dienst genutzt.

6.4.6 Personalführung

Personalführung beinhaltet die unmittelbare Kommunikation und Interaktion zwischen Führungskräften und den ihnen unterstellten Mitarbeitern. Grundsätze der Personalführung lassen sich wie folgt ableiten. Sie regeln als Fundament der Professionalität, wie Führungswerkzeuge eingesetzt und Führungsaufgaben erledigt werden.[147]

Resultate

Ein durchgängiges Muster im Denken und Handeln kompetenter Führungskräfte ist die Ausrichtung auf Ergebnisse. Es soll nicht verschwiegen werden, dass ihre Ergebnisorientierung gelegentlich auch pathologische Züge annehmen kann. Man könnte sagen: Führung ist der Beruf des „Resultate Erzielens" oder „Resultate Erwirkens". Der Prüfstein ist das Erreichen von Zielen und die Erfüllung von Aufgaben.

Beitrag zum Ganzen

Im Kern beinhaltet dieser Grundsatz, ganzheitlich zu denken und unternehmerisch zu handeln. Er eröffnet die einzige Möglichkeit, aus Spezialisten die richtige Art von Generalisten zu machen. Er ist einer der wenigen Wege zu flachen, hierarchiearmen Organisationen mit dem Schlüssel zu jener Art von Motivation, die dauerhaft ist.

Auf Wesentliches konzentrieren

Der Grundsatz, sich auf Wesentliches zu konzentrieren, ist überall wichtig und trivial. Seine Bedeutung ist aber deshalb besonders groß, weil kein anderer Beruf, keine andere Tätigkeit so stark und systematisierend der Gefahr der Verzettelung und der Zersplitterung der Kräfte ausgesetzt ist.

Vorhandene Stärken nutzen

Die Betonung liegt auf bereits vorhandenen Stärken und auf solchen, die man erst noch aufbauen und entwickeln muss. Das Wesentliche besteht darin, Stärken zu nutzen, und nicht darin, Schwächen zu beseitigen. Das muss besser betont werden,

---

[147] *Drucker, Peter F.:* Das Geheimnis effizienter Führung, S. 27-35

weil die meisten Führungskräfte, und wie es scheint ganz besonders die Personalexperten, überwiegend mit dem Gegenteil dessen befasst sind, was dieser Grundsatz fordert. Einerseits mit der Entwicklung von etwas, statt mit der Nutzung dessen, was schon da, ist und andererseits mit der Beseitigung von Schwächen statt dem Einsatz von Stärken.

Gegenseitiges Vertrauen

Wenn es einer Führungskraft gelingt, das Vertrauen ihrer Umgebung, ihrer Mitarbeiter und Kollegen zu gewinnen und zu bewahren, sind auch das Betriebsklima und die Unternehmenskultur im Wesentlichen in Ordnung.

Positiv oder konstruktiv denken

Richtig verstanden sind Disziplin und Praxis des konstruktiven Denkens von hohem Wert. Negatives Denken und das diesem entsprechende Verhalten sind derart zerstörerisch, dass sie in keiner Organisation um sich greifen dürfen.[148]

---

[148] *Malik, Friedmund*: Führen, Leisten, Leben, S. 65ff.

6.4.7 Umsetzungsprogramm

Handlungsfeld:	Personalmanagement	
Implementierungsphase Fitnessprogramm		
Workshop	Personalbestand	- Personalbedarfsplanung - Personalbeschaffung - Personalentlohnung - Personaleinsatz
Workshop	Personalentwicklung	- Planmäßige Aus- und Weiterbildung - Berufliche Förderung und Entwicklung
Training	Personalführung	- Führungstraining und Coaching
Aufrechterhaltung und Erfolgskontrolle		
Jahrestagung Personalmanagement		Prüfung der Aktivitäten des vergangenen Jahres zur Weiterentwicklung des Personalbestandes Formulierung einer strategiebezogenen Personalplanung
Operative Unternehmenssteuerung		Verfolgung der Personalentwicklungsaktivitäten und Definition von operativen Maßnahmen

Die Planung des Personalbestandes, der Personalentwicklung und die verantwortliche Personalführung sind aufgrund der mangelnden Qualifikation der Führungskräfte bzgl. Unternehmensführung, ausgeprägte Schwächen. Aufgrund der demografischen Entwicklung handelt es sich jedoch um Schlüsselfaktoren für den Erfolg von KMU und Familienunternehmen.

6.5 Change Management/Organisationsentwicklung

Thema	Gewichtung	Bewertung
Werden Analysen und Befragungen, z. B. Kunden und Mitarbeiterbefragungen, zur Erhebung des Veränderungsbedarfs durchgeführt?	10 %	
Werden die Notwendigkeit für Veränderungen, die Veränderungskonzepte kommuniziert und Veränderungsbereitschaft gefördert?	10 %	
Werden Veränderungsziele und -maßnahmen festgelegt?	10 %	
Sind die Mitarbeiter an der Festlegung der Maßnahmenpläne und Aktivitäten beteiligt?	10 %	
Werden Umfeldanalysen durchgeführt?	10 %	
Werden die Veränderungsprojekte umgesetzt und verfolgt?	10 %	
Werden Ergebnisse verankert und die Veränderungsbereitschaft gesichert?	10 %	
Werden Mitarbeiterforen und Dialoggruppen durchgeführt?	10 %	
Ist eine Projektgruppe zur Steuerung des Change-/Organisationsentwicklungsprojektes eingesetzt?	10 %	
Wird in den Change/Organisationsentwicklungs-Projekten nach Projektmanagement-Prinzipien gearbeitet?	10 %	
Gesamt	**100 %**	

Der in Abschnitt 4.4 Strategisches Management beschriebene Ansatz erläutert den deduktiven Anteil der Unternehmensstrategie, d. h. die normativen und strategischen Ansatzpunkte zur Unternehmensentwicklung.[149]

Veränderungsprozesse werden kaskadenartig über die einzelnen Hierarchieebenen der Unternehmen von der Geschäftsführung bis auf die Ebene der Mitarbeiter heruntergebrochen.
Sie beinhalten dabei eine sich wiederholende Abfolge von Interventionen:

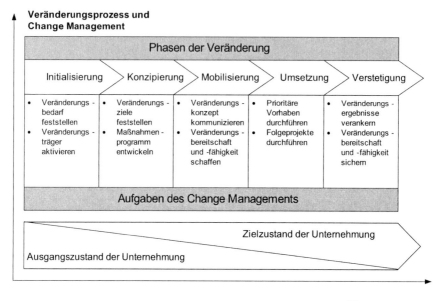

Abbildung 30 - Design von Veränderungsprozessen[150]

6.5.1 Initialisierung von Veränderungsprojekten

In der Phase der **Initialisierung** müssen der Veränderungsbedarf festgestellt und die Veränderungsträger aktiviert werden. Es kommt darauf an, die Notwendigkeit der Veränderung allen Betroffenen nahe zu bringen und Promotoren, Opponenten und Unentschiedene zu identifizieren und zu beeinflussen. Der Veränderungsprozess dient zum einen der stetigen Umsetzung der deduktiven Vorgaben aus dem

---

[149] http://de.wikipedia.org/wiki/Organisationsentwicklung, 5.7.2006
[150] *Krüger, Wilfried:* Excellence in Change, S. 49

Strategieprozess und zum anderen der Aktivierung und dauerhaften Einbeziehung aller Mitarbeiter auf der induktiven Ebene. Es werden konkrete Projekte und Teilziele, ausgelöst durch einen Umsetzungsauftrag zur vorgegebenen Strategie und durch die Erhebung des aktuellen Veränderungsbedarfes in der Abteilung/dem Bereich formuliert. Folgende Instrumente können hierzu eingesetzt werden:

- Kick-Off Workshops
- Interviews
- Brainstormings
- Reviews von Teams und Projekten
- Qualitätszirkel
- Bildung von Change Management-Teams
- Workshops zum Kontinuierlichen Verbesserungsprozess
- Mitarbeiter- und Kundenbefragungen
- Erhebung von Kennzahlen zu Qualität, Termin und Kosten[151]

6.5.2 Phase der Konzeptionierung

Die **Konzeptionierung** dient dazu, die durchgeführten Analysen auszuwerten und Veränderungsziele sowie Maßnahmenprogramme zu entwickeln. Die Veränderungsziele müssen von den Betroffenen möglichst klar und eindeutig festgelegt und in Projekten und Aufgaben operationalisiert werden. Es müssen vom Projektteam entsprechende Ressourcen bereitgestellt und Rahmenbedingungen geklärt werden. In dieser Phase ist eine konkrete Projektplanung durchzuführen. Hierzu gehören die folgenden Arbeitsschritte:

- Projektzielhierarchien entwickeln
- Projektumfeldanalysen durchführen
- Risikoanalyse bezüglich des Projektziels erarbeiten
- Projektstrukturpläne für das Projekt und die Teilprojekte erarbeiten
- Ressourcenplanungen und Projektorganisation entwickeln
- Zeitplanung, Arbeitsreihenfolgen und Prioritäten festlegen
- Projektauftrag von der Führungsebene genehmigen lassen

---

[151] *Ellebrand, Heiner; et al.*: Systemische Organisations- und Unternehmensberatung, S. 110

6.5.3 Mobilisierung der Mitarbeiter

Die Phase der **Mobilisierung** beinhaltet die Kommunikation mit allen Betroffenen über die durchzuführenden Veränderungen und die dadurch entstehenden Konsequenzen. Ziel ist es, eine Veränderungsbereitschaft und Veränderungsfähigkeit zu schaffen.

Hierzu ist eine klare und kongruente Kommunikation sehr wichtig. Veränderungen produzieren Angst bei den Betroffenen; somit wird die Produktivität in den einzelnen Funktionsbereichen sich zunächst verschlechtern, bevor sie sich positiv entwickelt. Folgende Rahmenbedingungen sind zu beachten:

- Innovative Lösungen erarbeiten und neue Wege gehen (kein Cost-Cutting)
- Glaubwürdig konkretisieren, was die Veränderungen bringen sollen
- Umfassende Planung auf Basis einer Umfeldanalyse
- Kommunikation offen, interaktiv, mit inhaltlichen und emotionalen Botschaften[152]

6.5.4 Umsetzungsphase

In der **Umsetzungsphase** geht es um das zügige Umsetzen und Erreichen von kurzfristigen Erfolgen zur Schaffung von Motivation. Es werden die Projekte nach festgelegten Prioritäten von den verantwortlichen Teilprojektleitern und Mitarbeitern umgesetzt.

Die Mitarbeiter gestalten den Veränderungsprozess eigenverantwortlich. Sie entwickeln aktiv und kreativ Lösungen für die auf dem Weg auftauchenden Hindernisse. Es werden Qualifizierungen und Mitarbeiterforen bzw. Dialoggruppen durchgeführt. Die Steuerung erfolgt über Meilensteine, an denen die Teilprojektleiter über den Fortschritt berichten und die Ergebnisse der Foren und Dialoggruppen ausgewertet werden. Die Führung schlägt geeignete Maßnahmen vor, um die Wirksamkeit des Veränderungsprozesses sicherzustellen.[153]

---

[152] *Heitger, Barbara; Doujak, Alexander:* Harte Schnitte – Neues Wachstum, S. 73

[153] *Ellebrand, Heiner; et al.:* Systemische Organisations- und Unternehmensberatung, S. 111

6.5.5 Verstetigung der Veränderungen

In der Phase der **Verstetigung** geht die Verantwortung für die veränderten Prozesse in die Hände der betroffenen Mitarbeiter und Führungskräfte über. Es ist nun besonders wichtig darauf zu achten, dass der neue Zustand beibehalten wird und im Tagesgeschäft verankert wird. Die erworbenen Fähigkeiten und Erkenntnisse über den Veränderungsprozess sollten in den täglichen Geschäftsprozess integriert werden. Der vollzogene Wandel sollte im Sinne eines kontinuierlichen Verbesserungsprozesses im Kleinen beibehalten werden.[154]

Diese Phase ist eine wichtige Lernphase der gesamten Organisation. Hierzu werden Analysen aus der Initialisierungsphase wiederholt und Mitarbeiterveranstaltungen zur Erhebung der Zustimmung zum Veränderungsprozess durchgeführt. In diesen Lernschleifen sollen Fehler und Abweichungen im Prozess entdeckt werden. Das Ziel ist es, hierfür geeignete Maßnahmen als Chance zu Verbesserung zu formulieren. Es gilt die Mitarbeiter zur Selbstverantwortung und Selbststeuerung zu befähigen.

Die wiederholte Durchführung von Lernschleifen ermöglicht optimale Zwischensteuerung, verbessert die Prozesssicherheit und sorgt somit für eine optimale Gesamtsteuerung des Veränderungsprozesses. Das Unternehmen wird zu einer lernenden Organisation.[155]

---

[154] *Krüger, Wilfried:* Excellence in Change, S. 59
[155] *Ellebrand, Heiner; et al.:* Systemische Organisations- und Unternehmensberatung, S. 112

6.5.6 Umsetzungsprogramm

Handlungsfeld:	Change Management/Organisationsentwicklung	
Implementierungsphase Fitnessprogramm		
Workshops	Initialisierungsphase	Veränderungsbedarf erheben Prioritäten ermitteln KVP-Workshops
Projektstart	Konzipierung	Veränderungsprojekte planen Zielhierarchie erstellen Umfeldanalyse durchführen Projektpläne erarbeiten
Informationsveranstaltungen Dialoggruppen	Mobilisierung	Kommunikation des Konzeptes Beteiligung der Mitarbeiter
Projektarbeit	Umsetzung	Veränderungsprojekte unter Mitarbeiterbeteiligung zügig umsetzen Verantwortungen auf Mitarbeiterebene
Workshops	Verstetigung	Kontinuierliche Verbesserungen beibehalten Durchführung der Lernschleifen

Handlungsfeld:	Change Management/Organisationsentwicklung
Aufrechterhaltung und Erfolgskontrolle	
Jahrestagung Change Management/ Organisationsentwicklung	Weg der lernenden Organisation Ermöglichung von Lernschleifen
Operative Unternehmenssteuerung	Ermächtigung der Mitarbeiter zur Selbstverantwortung und Selbststeuerung durch Einbeziehung in den Strategieprozess auf induktiver Ebene inkl. Verfolgung der Aktivitäten und Definition von operativen Projekten auf Mitarbeiterebene

Der Wertewandel in Arbeitswelt und Gesellschaft, in Verbindung mit der steigenden Qualifikation der Fachkräfte, machen die nachhaltige Beteiligung der Mitarbeiter an der Unternehmensentwicklung zu einem wichtigen Baustein zur Erreichung unternehmerischer Fitness.

6.6 Prozessmanagement

Thema	Gewichtung	Bewertung
Werden alle Unternehmensprozesse regelmäßig auf Effektivität und Effizienz geprüft?	10 %	
Werden die Soll-Prozesse ausgehend von den Strategischen Geschäftsfeldern und den formulierten Zielen definiert?	10 %	
Ist die Ablauforganisation nach prozessorientierten Gesichtspunkten aufgebaut?	10 %	
Sind für die SGF Prozessnetzwerke/-landschaften aufgebaut worden?	10 %	
Sind die einzelnen Prozesse mit Ablaufdiagrammen dargestellt?	10 %	
Werden aussagefähige Prozesskennzahlen erhoben?	10 %	
Wird eine Verschwendungsanalyse zur Aufdeckung offener und verdeckter Verschwendungen vorgenommen?	10 %	
Findet ein induktiver Verbesserungsprozess ausgehend von den Prozessschritten statt?	10 %	
Werden die Prozesse in Zusammenarbeit mit den Mitarbeitern kontinuierlich verbessert?	10 %	
Wurde eine Stoff-/Wertstrom-Analyse vorgenommen?	10 %	
Gesamt	**100 %**	

Prozessmanagement hat zum Ziel alle Geschäftsprozesse auf Effektivität und Effizienz zu prüfen d. h. nachhaltige Vermeidung von Verschwendung in allen Unternehmensprozessen. Es gilt, Unternehmensprozesse übergreifend zu verstehen und zu optimieren. Dabei stehen die Ablauforganisation, also das Durchführen von Aufgaben, aber auch zeitliche und räumliche Aspekte im Mittelpunkt der Betrachtung.

Produktions- und Logistikprozesse sind in den letzten Jahren in Unternehmen mit überraschenden Quantensprüngen in der Leistungsfähigkeit durch konsequente Optimierung oder völlige Neugestaltung mittels Prozessmanagement verbessert worden.[156,157]

Die Vorgehensweise bei der Prozessoptimierung ist in Abbildung 31 - Vorgehensweise bei der Prozessanalyse und -optimierung dargestellt:

---

[156] *Riekhoff, Hans-Christian:* Beschleunigung von Geschäftsprozessen, S. 14
[157] *Müller-Stewens, Günther:* Auf die Prozesse kommt es an, S. 29-32

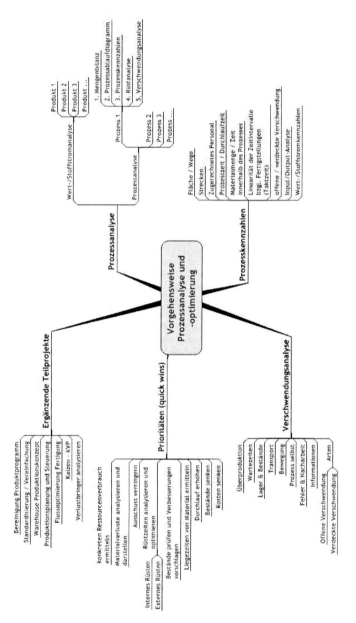

Abbildung 31 - Vorgehensweise bei der Prozessanalyse und -optimierung[158]

---

[158] *Laraia, Anthony C.; Moody, Patricia E.; Hall, Robert W.*: The Kaizen Blitz: Accelerating Breakthroughs in Productivity and Performance, S. 103

6.6.1 Prozessanalyse und -optimierung

In Abbildung 31 - Vorgehensweise bei der Prozessanalyse und -optimierung ist dargelegt, welche Arbeitsschritte bei einer Prozessanalyse sinnvoll sind. Der erste Arbeitsschritt ist die Erarbeitung eines Prozessnetzwerks in einer Prozesslandschaft und die Darstellung der Prozessabläufe in Prozessketten und Ablaufdiagrammen.

Anhand der Diagramme werden sinnvolle Arbeitsschritte zur Datenerhebung identifiziert. Dabei werden geeignete Prozesskennzahlen erhoben, wie z. B.:

- Fläche/Wege
- Strecken
- Zugerechnetes Personal
- Prozesszeit/Durchlaufzeit
- Materialmenge/Zeit innerhalb des Prozesses
- Linearität der Zeitintervalle bzgl. Fertigstellungen (Taktzeit)
- offene/verdeckte Verschwendung
- Input/Output-Analyse
- Wert-/Stoffstromkennzahlen

Die Definition der Kennzahlen ist im Wesentlichen vom gewählten Prozessschritt abhängig. In manuellen Produktionsschritten sind im Gegensatz zu automatisierten Prozessschritten eher mitarbeiterbezogene, im anderen Fall eher maschinenbezogene Kennzahlen zu erheben.

Ein weiterer Arbeitsschritt ist die Input/Output-Analyse. Hier werden die Stoff-/Wert- und Energieströme ermittelt und in einem Stoffstromdiagramm dargestellt. Somit wird in jedem Prozessschritt deutlich, welchen wertschöpfenden bzw. wertvernichtenden Beitrag er leistet und welche Rolle Verluste spielen.

Im Rahmen der Verschwendungsanalyse werden die Prozesse nach folgenden Kriterien untersucht, um Möglichkeiten der Vereinfachung und Verbesserung festzustellen. Eine Besonderheit sind die offenen und verdeckten Verschwendungen:

- Überproduktion
- Wartezeiten
- Lager & Bestände
- Transport
- Bewegung
- Prozess selbst
- Fehler & Nacharbeit
- Informationen

Weitere wichtige Rahmenbedingungen bei der Prozessanalyse sind Aussagen zu den folgenden Themen:

- konkreten Ressourcenverbrauch ermitteln
- Materialverluste analysieren und darstellen
- Ausschuss verringern
- Rüstzeiten analysieren und optimieren
- Internes Rüsten
- Externes Rüsten
- Bestände prüfen und Verbesserungen vorschlagen
- Liegezeiten von Material ermitteln

Das Ziel aller Aktivitäten der Prozessoptimierung ist es, bei bestehenden Prozessen die folgenden Parameter zu beeinflussen:

- Durchlauf erhöhen
- Bestände senken
- Kosten senken

Mit diesen Stellhebeln kann die Produktivität nachhaltig gesteigert werden.

Weiterhin sollten ausgehend von der induktiven Betrachtung die Prozesse weiterentwickelt werden. Mit einfachen Analysen können Durchsatz und Kostenziele schnell realisiert werden. Als wichtige ergänzende Teilprojekte können beispielsweise genannt werden:

- Bereinigung Produktprogramm
- Standardisierung/Vereinfachung
- Warehouse Produktionskonzept (ziehende Fertigung)
- Produktionsplanung und Steuerung
- Flussoptimierung Fertigung
- Kaizen – KVP
- Verlustbringer-Analyse (Auswertung der Nachkalkulationen)

6.6.2 Wert- und Stoffstromanalyse

Unter einem Wertstrom versteht man alle Aktivitäten, die zur Herstellung eines Produktes bzw. einer Dienstleistung notwendig sind. Es werden sowohl wertschöpfende als auch nicht wertschöpfende Tätigkeiten dargestellt.

Eine Wertstromperspektive einzunehmen, bedeutet am Gesamtbild der Prozesskette zu arbeiten, nicht nur an einzelnen Fertigungsschritten. Es bedeutet, das Ganze zu verbessern, nicht nur einzelne Teile.[159] Die Perspektive kann unterschiedlich gewählt werden, von der betrachteten Fertigung bis zur Untersuchung der gesamten Lieferkette (supply chain).

Im Folgenden wird der Wertstrom eines Textilunternehmens beispielhaft betrachtet. Der Produktionsfluss innerhalb der Produktionsstätte geht hier von „Rampe zu Rampe", d. h. von der Garnlieferung bis zum Versand des Endproduktes.

---

[159] *Rother, Mike:* Sehen lernen, S. 5

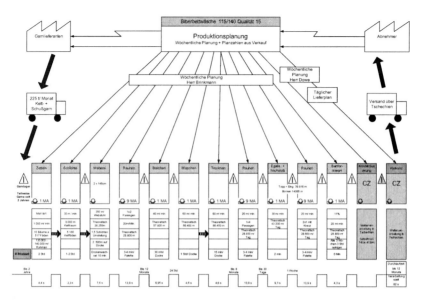

Abbildung 32 - Wertstromanalyse Textilunternehmen

In der Grafik ist das Ergebnis einer typischen Wertstromanalyse abgebildet. In dem unteren Bereich finden sich alle relevanten Daten zu den Prozessschritten, wie Bearbeitungszeiten, Stoffströme, Energieströme, Durchsätze und Kapazitäten. Darüber sind die Prozessschritte benannt und die für die Bedienung der Maschinen nötigen Mitarbeiter aufgeführt. Weiter oben in der Grafik sind die Art und Weise der Planung sowie die Schnittstellen für Informationen und Material angegeben.

Mittels einer Wertstromanalyse werden die Material- und Informationsflüsse erkannt, die ein Produkt auf dem Weg durch das Unternehmen zurücklegt. Somit können Entscheidungen zur Optimierung von einzelnen Schritten, d. h. insbesondere bzgl. nicht wertschöpfender Prozesse, getroffen werden.

6.6.3 Umsetzungsprogramm

Handlungsfeld:	Prozessmanagement	
Implementierungsphase Fitnessprogramm		
Workshops	Prozessnetzwerk	Prozessketten und -netzwerke
Workshops	Prozessanalyse Input/Output-Analyse	Beschreibung aller Prozesse in Ablaufdiagrammen Datenerhebung Prozesskennzahlen
Workshops	Verschwendungsanalysen	Offene und verdeckte Verschwendung
Workshops	Prozessoptimierung	Erhöhung der Durchläufe Senkung der Kosten und Bestände
Workshops	Wert- und Stoffstromanalysen	Ermittlung aller Wert- und Stoffströme zur Identifizierung von Verbesserungspotenzial
Aufrechterhaltung und Erfolgskontrolle		
Strategisches Management		Prozessoptimierungsprojekte mit Schwerpunkten der Optimierung (Bestände, Durchlaufzeit, Kosten)
Operative Unternehmenssteuerung		KVP/Kaizen-Workshops unter Einbeziehung aller Mitarbeiter

Der globale Wettbewerb von Arbeitskräften, insbesondere aus Niedriglohnländern, führt zu der stetigen Notwendigkeit, Prozesse effektiv und effizient zu gestalten. Die Erhöhung des Durchsatzes bei gleichzeitiger Senkung der Kosten und Bestände, sind die einzigen möglichen Antworten. Die stetige und nachhaltige Optimierung aller Unternehmensprozesse mittels oben beschriebener Vorgehensweise trägt entscheidend zum Überleben von KMU und Familienunternehmen bei.

7 Zusammenfassung

Unternehmen benötigen Fitness. Das Umfeld von Unternehmen hat sich in den letzten Jahren mit zunehmender Geschwindigkeit verändert. Wesentliche Ursachen sind die in den letzten Jahren durch Globalisierung entstandene Turbulenz und Dynamik auf den Märkten, die Ausschöpfung von Innovationspotenzialen der IuK-Technologie und der Wertewandel in der Arbeitswelt und Gesellschaft.

Der Anteil kleiner und mittlerer Unternehmen (KMU) beträgt 99,7 % in Deutschland. 84 % aller deutschen Unternehmen sind Familienunternehmen. Betrachtet man die qualitative Definition von KMU und Familienunternehmen, ergeben sich Vorteile und Nachteile durch die enge finanzielle Bindung einzelner Personen oder einer Familie ans Unternehmen. Wichtigster Vorteil ist das Engagement der Führungskräfte; das bedeutendste Hemmnis ist, dass Führungskräfte in KMU und Familienunternehmen zwar in der Regel in ihrem branchenspezifischen Fachgebiet qualifiziert sind, jedoch häufig über unzureichende Kompetenzen der Unternehmensführung unter heutigen Bedingungen verfügen.

Die Schere zwischen den anspruchsvollen Marktanforderungen und den Fähigkeiten zu ihrer Umsetzung ist in einer generellen Bewertung die Zukunftsfähigkeit der Mehrzahl von KMU und Familienunternehmen als eingeschränkt anzusehen. Nischen-Dasein und günstige Produktlebenszyklus-Phasen sichern nur kurz- bis mittelfristig das Überleben.

In der Vergangenheit bewährte und in ihrer Wirksamkeit nachgewiesene Managementmodelle (EFQM-Modell, Malcom Baldige Award, 7s-Modell, 5. Disziplin, 4P-Modell) weisen heute, aufgrund der Veränderungen im Umfeld, Schwächen bzgl. der Wertorientierung, Marktorientierung und des Personalmanagements auf. Die Handlungslogik von KMU und Familienunternehmen erfordert eine pragmatische, an den spezifischen Problemen und deren Lösungsmöglichkeiten orientierte Herangehensweise. Das in dieser Arbeit entwickelte Fitnessprogramm für KMU und Familienunternehmen behebt die konzeptionellen Schwächen der Management-modelle und beschreibt praxisorientiert die grundlegenden Mindestanforderungen für langfristige Unternehmensfitness. Das entwickelte Fitnessprogramm fußt auf sechs Bausteinen:

- **Strategisches Management** – Entwicklung von Strategien inkl. deren Umsetzung
- **Wertorientiertes Management** – Beobachtung und Steigerung des Unternehmenswertes
- **Marktorientiertes Management** – Erschließung und Bearbeitung ertragreicher Märkte
- **Personalmanagement** – Findung und Bindung von Personal, Entwicklungsmaßnahmen
- **Change Management/Organisationsentwicklung** – Einbindung aller Mitarbeiter
- **Prozessmanagement** – Effektivität und Effizienz in allen Prozessen

Zur Umsetzung des Fitnessprogramms ist externes, interdisziplinäres Know-how und Erfahrung im Management von KMU und Familienunternehmen eines breit ausgebildeten und erfahrenen Unternehmensberaters sinnvoll. Die Aufgabe des Beraters ist es, blinde Flecken aufzuzeigen und die für das Unternehmen neuen Denkansätze einzubringen.

Die Beraterquote von KMU und Familienunternehmen liegt bei etwa 40 % (Großunternehmen: 90 %). Nur etwa 7 % der KMU und Familienunternehmen arbeiten dauerhaft mit Beratern zusammen. Ein geringer Anteil von 5 % des gesamten Umsatzes der Beraterbranche wird von KMU und Familienunternehmen generiert. Charakteristische Besonderheit der Beratung von KMU und Familienunternehmen ist deren Problemorientierung und/oder Anlassorientierung für isolierte Fragestellungen.

Die Handlungsfelder des Fitnessprogramms weisen eine interne Orientierung auf, da interne Faktoren tendenziell steuerbarer sind als externe Faktoren und der geforderten Anlass- bzw. Problemorientierung in der Beratung von KMU und Familienunternehmen eher entsprechen.

Das Fitnessprogramm bietet eine fundierte, praxisorientierte Vorgehensweise zur kurzfristigen Verbesserung des Unternehmensergebnisses, der langfristigen

Steigerung der Erträge und somit zur Existenzsicherung des Unternehmens sowie zur Steigerung der Zukunftsfähigkeit und Flexibilität.

8 Quellenverzeichnis

Anwander, Armin: Strategien erfolgreich verwirklichen, Berlin/Heidelberg, 2002

Bamberger, Ingolf: Strategische Unternehmensberatung, Wiesbaden, 2002

BearingPoint, Inc: Mittelstandsberatung, http://www.bearingpoint.de/content/-solutions/index_3590.htm, 26.7.2006

Becker, Jörg; Kugeler, Martin; Rosemann, Michael: Prozessmanagement, Berlin, 2000

Bergauer, Anja: Führen aus der Unternehmenskrise, Berlin, 2003

Bernhard, Martin G.; Hoffschröer, Stefan: Report Balanced Scorecard, Düsseldorf, 2001

Bundestag-Drucksache 14/9200 – Schlussbericht der Enquete-Kommission - Globalisierung der Weltwirtschaft – Herausforderungen und Antworten, 2002

Dahmer, Jürgen; Hagemann, Romanus; Kaiser, Stefan: Unternehmensindividuelle Strategiearbeit, Dortmund, 2003

De Kok, Jan; Uhlaner, Loraine M.Thurik, A. Roy: Professional HRM practices in family owned-managed enterprises. In: Journal of Small Business Management, July 2006, Vol. 44, S. 441-460

Deutsches EFQM Center: http://www.deutsche-efqm.de/download/Excellence_-einfuehren_2003(5).pdf, 13.9.2006

Deutsches EFQM Center: www.deutsche-efqm.de, 9.9.2006

Doppler, Klaus; Lauterburg, Christoph: Change Management, Stuttgart, 2002

Drucker, Peter F.: Das Geheimnis effizienter Führung. In: Harvard Business Manager 8/2004, S. 27 – 35

Ellebrand, Heiner; Lenz, Gerhard; Osterhold, Gisela; Schäfer, Helmut: Systemische Organisations- und Unternehmensberatung, Wiesbaden, 2002

Europäische Union: The new SME definition - http://ec.europa.eu/enterprise/enterprise_policy/sme_definition/sme_user_guide.pdf, 2.9.2006

Fernandet, Zulima; Nieto, Maria Jesus: Impact on the ownership on the international involvement of SME. In: Journal of International Business Studies, Mai 2006, Vol. 37, Seite 340 – 351

Friedag, Herweg R.; Schmidt, Walter: Balanced Scorecard, Freiburg, 2002

Fritz, Wolfgang; Effenberger, Jens: Strategische Unternehmensberatung – Verlauf und Erfolg von Projekten, Die Betriebswirtschaft, Nr. 1/1998

Gälweiler, Aloys: Strategische Unternehmensführung, Frankfurt, 2005

Grape, Christian: Sanierungsstrategien, Wiesbaden, 2006

Gunner, Kjell; Homburg, Christian: Innovationserfolg durch Kundeneinbindung. In: ZfB, Ergänzungsheft 1/99, 1999, S. 119 – 142

Haake, Klaus: Beratung in Klein- und Mittelunternehmen (KMU). In: Bamberger, Ingolf (Hrsg.): Strategische Unternehmensberatung, Wiesbaden 2005

Hagemann, Giesela Methodenhandbuch Unternehmensentwicklung, Wiesbaden 2003

Heinen, Edmund: Betriebswirtschaftliche Führungslehre, Wiesbaden, 1984

Heinze, Roderich: Keine Angst vor Veränderungen, Heidelberg 2004

Heitger, Barbara; Doujak, Alexander: Harte Schnitte – Neues Wachstum, Frankfurt, 2002

Holtbrügge, Dirk: Personalmanagement, Heidelberg, 2005

Hopfenbeck, Waldemar: Allgemeine Betriebswirtschafts- und Managementlehre, München, 2002

Horvath & Partner: Balanced Scorecard umsetzen, Stuttgart, 2004

Kailer, Norbert; Walger, Gerd: Perspektiven der Unternehmensberatung von Klein- und Mittelbetrieben, Wien, 2000

Kaplan, Robert; Norton, David: Balanced Scorecard, 1997

Klein, Sabine B.: Familienunternehmen – Theoretische und empirische Grundlagen, Wiesbaden, 2004

Knoblauch, Jörg; Frey, Jürgen; Kummer, Rolf; Stängle, Lars: Unternehmens Fitness – Der Weg an die Spitze, Offenbach, 2003

Kohr, Jürgen: Die Auswahl von Unternehmensberatungen: Klientenverhalten – Beratermarketing, München, 2000

Königswieser, Roswitha; Exner, Alexander: Systemische Intervention, Stuttgart, 2001

Kotler, Phillip, Bliemel, Friedhelm: Marketing-Management, Stuttgart, 2001

Krüger, Wilfried: Excellence in Change, Wiesbaden, 2002

Kuhner, Christoph; Maltry, Helmut: Unternehmensbewertung, Heidelberg 2006

Laraia, Anthony C.; Moody, Patricia E.; Hall, Robert W.: The Kaizen Blitz: Accelerating Breakthroughs in Productivity and Performance, New York, 1999

Liedtke, Christa; Busch, Timo: Materialeffizienz, München, 2005

Liker, Jeffrey K. : The Toyota Way, New York, 2004

Malik, Fredmund: Führen, Leisten, Leben, München, 2001

Malik, Fredmund: Gefährliche Worte, www.manager-magazin.de, 26.9.2006

Mind – Mittelstand in Deutschland, www.mind-mittelstand.de, 7.9.2006

Mintzberg, Henry; Ahlstrand, Bruce; Lampel, Joseph: Strategy Safary, Frankfurt/Wien, 1999

Mugler, Josef: Unternehmensberatung für Klein- und Mittelbetriebe. In: Hofmann, Michael (Hrsg.): Theorie und Praxis der Unternehmensberatung: Bestandsaufnahme und Entwicklungsperspektiven, Heidelberg, 1991

Müller, Herbert: Die Zukunft des Mittelstandes, Eschborn, 2000

Müller-Stewens, Günther: Auf die Prozesse kommt es an. In: Harvard Business Manager 10/2004, S. 29 – 32

Müller-Stewens, Günther; Lechner, Christoph: Strategisches Management, Stuttgart, 2003

Nagel, Reinhard; Wimmer, Rudolf: Systemische Strategie-Entwicklung, Stuttgart, 2002

National Institute of Standards and Technologie, Gaithersburg, USA: http://www.quality.nist.gov/PDF_files/2006_Business_Criteria.pdf, 13.9.2006

Paul, Michael: So entwickeln Sie Ihre Unternehmensstrategie, Frankfurt/Wien, 2002

Peples, Werner: Marketing, München, 1998

Peters, Thomas J.; Waterman, Robert H.: Auf der Suche nach Spitzenleistungen, Landsberg, 2003

Pichler, J. Hans; Pleitner, Hans Jobst; Schmidt, Karl-Heinz: Management in KMU, Bern, Stuttgart, Wien, 2000

Picot, Arnold; Reichenwald, Ralf; Wigand Rolf T.: Die grenzenlose Unternehmung, Wiesbaden, 2003

Porter, Michael E.: Competitive Strategy, New York, 2004

Portisch, Wolfgang; Shahisi, Kian: Sanierung und Restrukturierung, Bern, 2005

Prahalad, Coimbatore K.; Hamel, Gary: Nur Kernkompetenzen sichern das Überleben. In: Harvard manager, 13, 1991

PricewaterhouseCoopers AG: Mittelstand - Herausforderungen meistern, http://www.pwc.com/de/mittelstand/leistungen.html, 26.7.2006

Riekhoff, Hans-Christian: Beschleunigung von Geschäftsprozessen, Stuttgart, 1997

Risse, Winfried: Marketing für die Beratung: Beruf und Rolle des Wirtschafts- und Unternehmensberaters in Klein- und Mittelbetrieben, Wiesbaden 1989

Rother, Mike: Sehen lernen – mit Wertstromdesign Wertschöpfung erhöhen und Verschwendung vermeiden, Aachen, 2004

Rüegg-Stürm, Johannes: Das neue St. Gallener Management-Modell, Bern, 2002

Sattes, Ingrid; Brodbeck, Harald, Lang, Hans-Christoph, Dormeisen, Heinz: Erfolg in kleinen und mittleren Unternehmen, Zürich, 1998

Schabel, Mathias M.: Economic Value Added, Wiesbaden, 2004

Schachner, Markus; Speckbacher, Gerhard; Wentges, Paul: Steuerung mittelständischer Unternehmen: Größeneffekte und Einfluss der Eigentums- und Führungsstruktur, in: ZfB 6, 2006. S. 589 – 61

Schlembach, Claudia; Schlembach Hans-Günther: Wie Familienunternehmen die Zukunft meistern können, Berlin 2004

Schweizerisches Institut für KMU der Universität St. Gallen: www.kmu.unisg.ch, 15.9.2006

Seiler, Karl: Unternehmensbewertung, Heidelberg, 2004

Senge, Peter M.: Das Fieldbook zur fünften Disziplin, Stuttgart, 2000

Sertl, Walter: Klein- und Mittelbetriebe – ein eigenständiges Beratungsfeld. In: Hofmann, Michael; Sertl, Walter (Hrsg.): Management Consulting: Ausgewählte Probleme und Entwicklungstendenzen der Unternehmensberatung, Stuttgart, 1987

Simon, Fritz B.; Wimmer, Rudolf; Groth, Thorsten: Mehr-Generationen-Familienunternehmen, Heidelberg, 2005

Simon, Hermann; von der Gahlen, Andreas: Das große Handbuch der Strategieinstrumente, Frankfurt, 2002

Sroka, Wendelin: 10. Statusbericht im Rahmen des Internationalen Monitoring Lernkultur Kompetenzentwicklung – Lernen in Weiterbildungseinrichtungen, Leipzig, 2004

Statistisches Bundesamt, Umsatzsteuerstatistik 2004 - http://www.destatis.de/themen/d/thm_finanzen.php, 2.9.2006

Stuhldreier, Jens: Sicherung der Wettbewerbsfähigkeit von KMU durch qualifikatorische Anpassung, Dissertation, Gerhard-Mercator-Universität, Duisburg, 2002

Vater, Hendrik; Ulmer, Marion; Ernst, Edgar; Juchli, Philip; Müller, Adrian: Wertorientierte Unternehmensführung, Bern, 2006

Venzin, Markus; Rasner, Carsten; Mahnke, Volker: Der Strategieprozess, Frankfurt, 2003

Weber, Jürgen, Schäffer, Utz: Balanced Scorecard & Controlling, Wiesbaden, 2000

Weiß, Matthias: Wertorientiertes Kostenmanagement, Wiesbaden, 2006

Wikipedia freie Enzyklopädie:
http://de.wikipedia.org/wiki/Organisationsentwicklung, 5.7 2006
http://de.wikipedia.org/wiki/Produktlebenszyklus, 27.9.2006

Wimmer, Rudolf: Organisation und Beratung, Heidelberg, 2004

Withauer, Klaus F.: Fitness der Unternehmung, Wiesbaden, 2000

Wöhe, Günther: Einführung in die allg. Betriebswirtschaftslehre, Berlin, 2004

Zum Autor:

"Dauerhafte Veränderung ist der Normalzustand – heute mehr als früher! Egal ob Wachstums-, Schrumpfungs- oder Optimierungsprozesse – Wirksamkeit und Wirtschaftlichkeit unter Einbeziehung der Menschen sind die Erfolgsfaktoren!"

Thomas Schlüter hat ein technisches Studium zum Diplom-Chemieingenieur Fachrichtung Verfahrenstechnik und ein betriebswirtschaftliches Studium zum Master of Business Administration, Fachrichtung General Management absolviert. Zu diesen Ausbildungen kommen eine Reihe sozialwissenschaftlicher Fortbildungen zum systemischen Organisationsentwickler, NLP-Practioner, NLP-Master, sowie weitere technische und betriebswirtschaftliche Qualifikationen wie IHK Rating Advisor, DGQ Lead Auditor für Qualitäts- und Umweltmanagement, TQM-Assessor, Responsible Care Gutachter, CEFIC ESAD-Assessor, Arbeitszeitberater und Materialeffizienzberater.

Herr Schlüter ist Inhaber der Unternehmensberatung Korff & Schlüter in Steinfurt und hat seit 1993 über 300 Beratungsprojekte zum Thema Unternehmensfitness durchgeführt.